ルポ西成

七十八日間ドヤ街生活

國友公司 著

彩図社

西成の象徴の一つ三角公園。空は青く美しい

公園は、大阪市民から“魔窟”として恐れられている

物々しい雰囲気の西成警察署

至る所にある看板。一掃など程遠い

何をするわけでもなくただ歩いている人々

仕事を求め、あいりんセンターに集う人々

散乱した鉄屑

現場内の暗い通り道

底辺土工として連れて行かれた尼崎の解体現場

解体現場の地下にある休憩室

働いていたドヤの一室

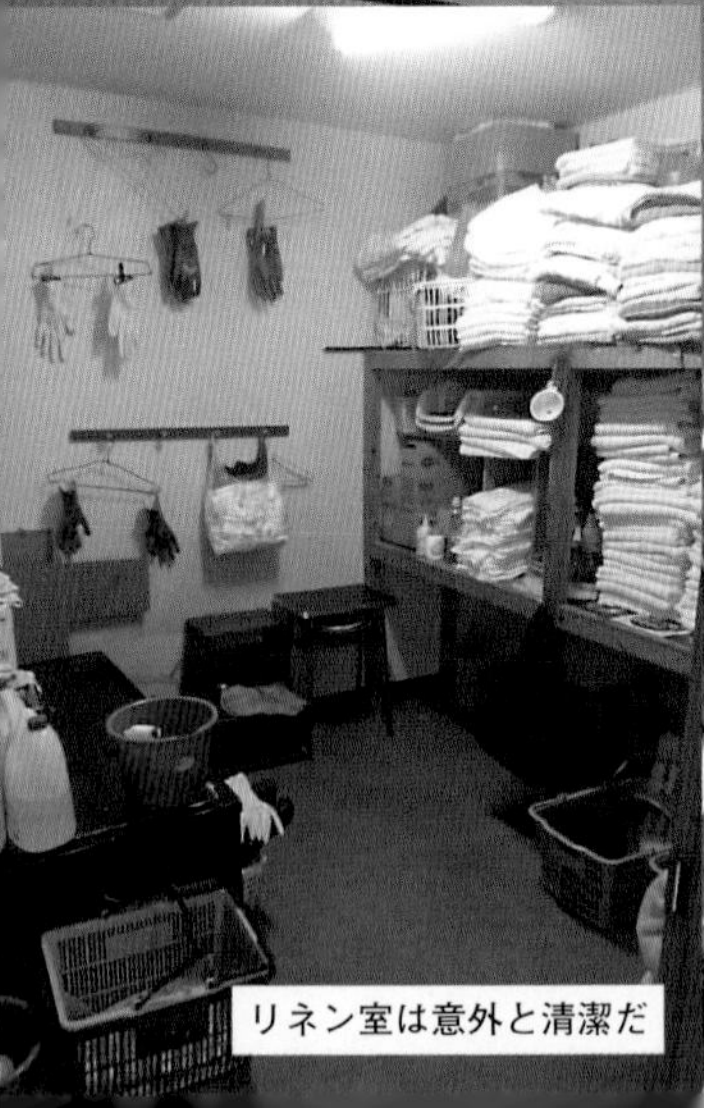

リネン室は意外と清潔だ

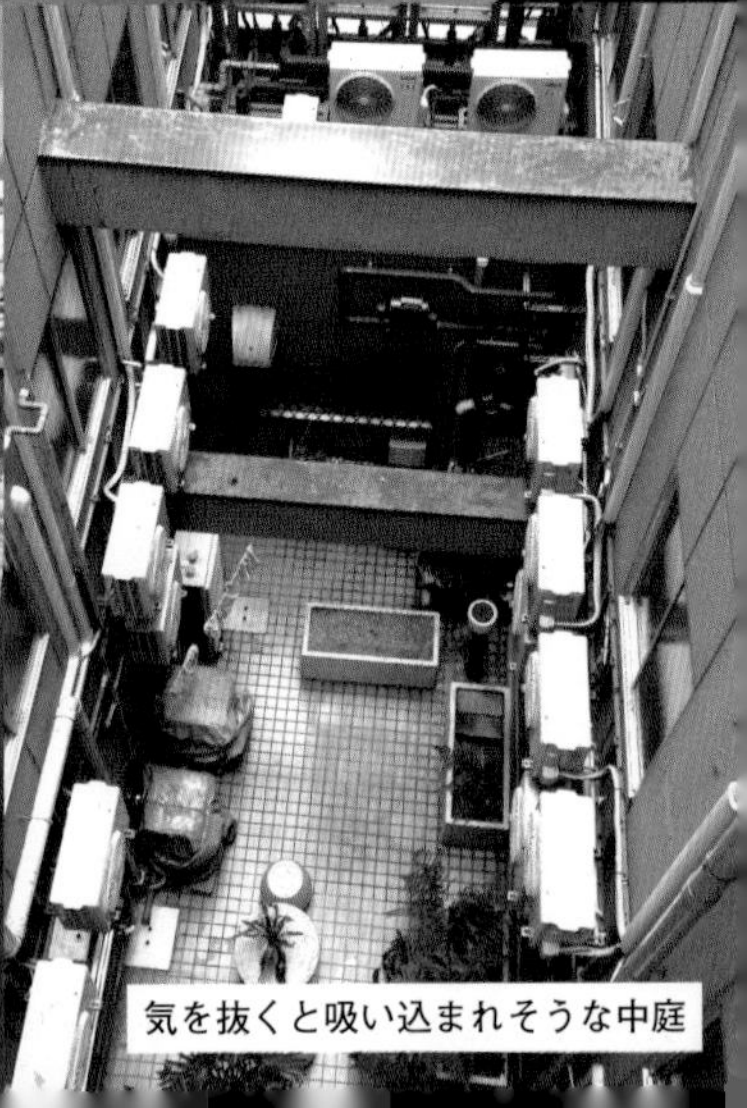

気を抜くと吸い込まれそうな中庭

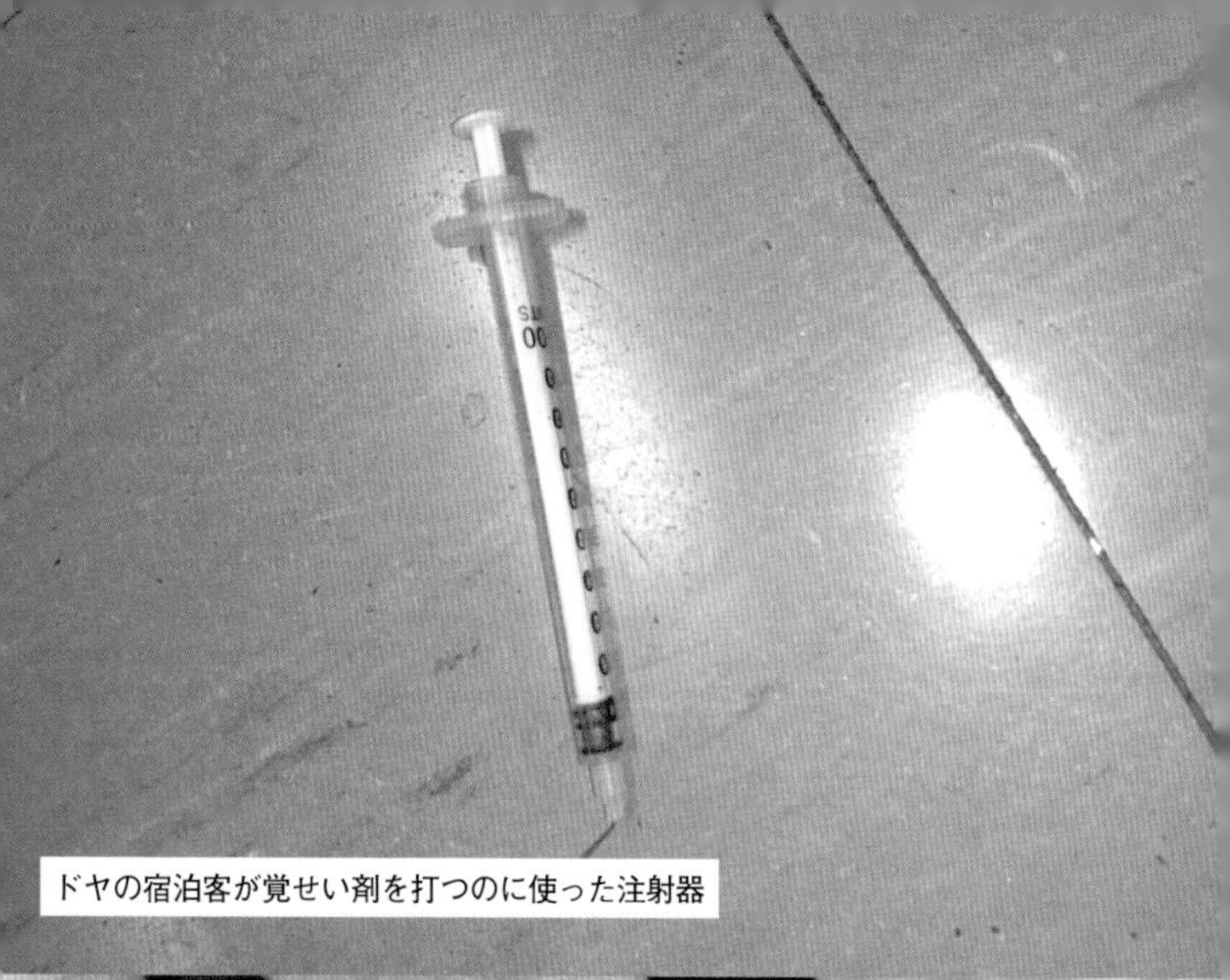

ドヤの宿泊客が覚せい剤を打つのに使った注射器

共用フロアに捨てられた空のパケ

ドヤの屋上からは、西成の街と通天閣が見えた

まえがき

日本最大のドヤ街と呼ばれる大阪市西成区あいりん地区。日雇い労働者たちの受け皿として機能してきたこの街が活気に満ちていた八十年代後半には、労働者たちが溢れる程に押し寄せた。九十二年の暴動をはじめ、彼らの行き場のない怒りとエネルギーが爆発することも多々。そんな時代の人々が老いた今、この街は福祉の街へと変貌を遂げた。じつに西成区の四人に一人が生活保護受給者。あいりん地区だけで見たら、さらにその割合は高くなるだろう。街中にはホームレスの姿も多く見られる。

しかしながら、日雇い労働を生業とする肉体労働者たちもまだまだ健在である。日本の至る所から、「訳アリな人間たち」が仕事を求めて次々に流れ込んでくるという。

この街は人間の経歴を問わないのだ。指名手配犯、前科者、元ヤクザなどなど、他に行く場所のない人々が、自然と集まってくる。生活保護受給者、労働者を含め、行き場を失った人間たちの最終集積地のような場所とも言われている。

二〇一八年四月。大学を卒業したばかりの私は、真新しいスーツに身を包み、社会人としての第一歩を歩み始めた……わけではなくネパールのカトマンズで購入した三千円の安物バックパックを背負い、西成の街を歩いていた。

大学を七年間も通った挙句に就職もできなかった。余分な三年間は水商売のアルバイトをしたり不健康な海外旅行を重ねたり。在学中から細々とライター活動を始めていた私は、自信満々で進路を出版社一本に絞った。

しかしネクタイの締め方もろくに分からないボンクラが、めまいのするような高い倍率をくぐり抜けることなどもちろん不可能だった。そして気が付けば、今の時代ほとんど需要のない裏モノ系ライターになっていた。ライター一本でこれから生活していけるとは正直、自分でも思えなかった。

そんな悲惨な状況を見かねた知人の紹介で、大学卒業間近のある日、私は出版社の彩図社を訪れた。そこで編集長に見せた大学の卒業論文が、西成へ行くきっかけとなった。

私は新宿都庁前にあるホームレスのダンボール村の研究をしていた。私は彼らの「世間から相手にされないことを逆手に取ったのびのびとした生活」にとても感銘を受けたのである。簡単にいうと、知らないところで楽しそうにやっているなという印象だった。そして就職活動の失敗で、すでに将来に不安を抱え始めていた私はこう思ったのである。

「自分もこんなおじさんみたいになったらどうやって生きるのか？」

希望を失って廃人のように死んでゆくのか、それとも開き直って明るく生きることができるのか。そんなことをボソッとつぶやくと、編集長はこう言った。「だったら、今やってみたらいいんじゃないですか。原稿が良ければ本にしますよ」。これでも物書きの端くれ。断る理由はなかった。

西成は以前に一度だけ訪れたことがあった。大学三年の冬、なんばで行われたアングラ系トークイベントにゲストとして出演した。その時の主催者が悪ふざけで西成のドヤを予約したのである。三日間、西成に滞在した私は足が棒になるまで意味もなくほっつき歩いた。

一昔前は高架下に覚せい剤のたたき売りがズラリと並んでいたり、『太陽にほえろ！』みたいなノリで定期的に警察官が殉職したりと、およそ日本とは思えない光景が広がっていたというが、そんな雰囲気を感じることはなかった。むしろ老人たちの楽園。昼から酒を飲んだオヤジたちが若い姉ちゃんと一緒にカラオケを歌い、通りには気の抜けるようなチンドン屋の音色が流れている。公園や路上ではホームレスが顔を赤くして寝そべっている。自分も歳をとってどうしようもなくなったら、「西成に来ればいいや」と思ったものだ。

ただ、三日間ボケッとしていたところで何かを語れるような街ではない。楽園とはいえここは西成。それぞれ訳があってみんなこの街に流れ着いているはずだ。表面だけ見て「楽しそうな街」なんて、そんな簡単なこと言えるはずがない。

「丸々一ヶ月間、西成に生活を捧げてやろう」と私は意気込んだ。しかし、結果的には予定を大きく変更し、七十八日間も滞在することになってしまった。社会の狭間で宙ぶらりんであった私は、西成に居場所を求めた。本書はその顛末を綴ったルポルタージュである。

ルポ 西成

七十八日間ドヤ街生活

目次

第二章　地下の世界〝飯場〟へ

第三章　西成案内人

第四章　西成のドヤで働く

第五章　西成の男たち

ルポ西成マップ

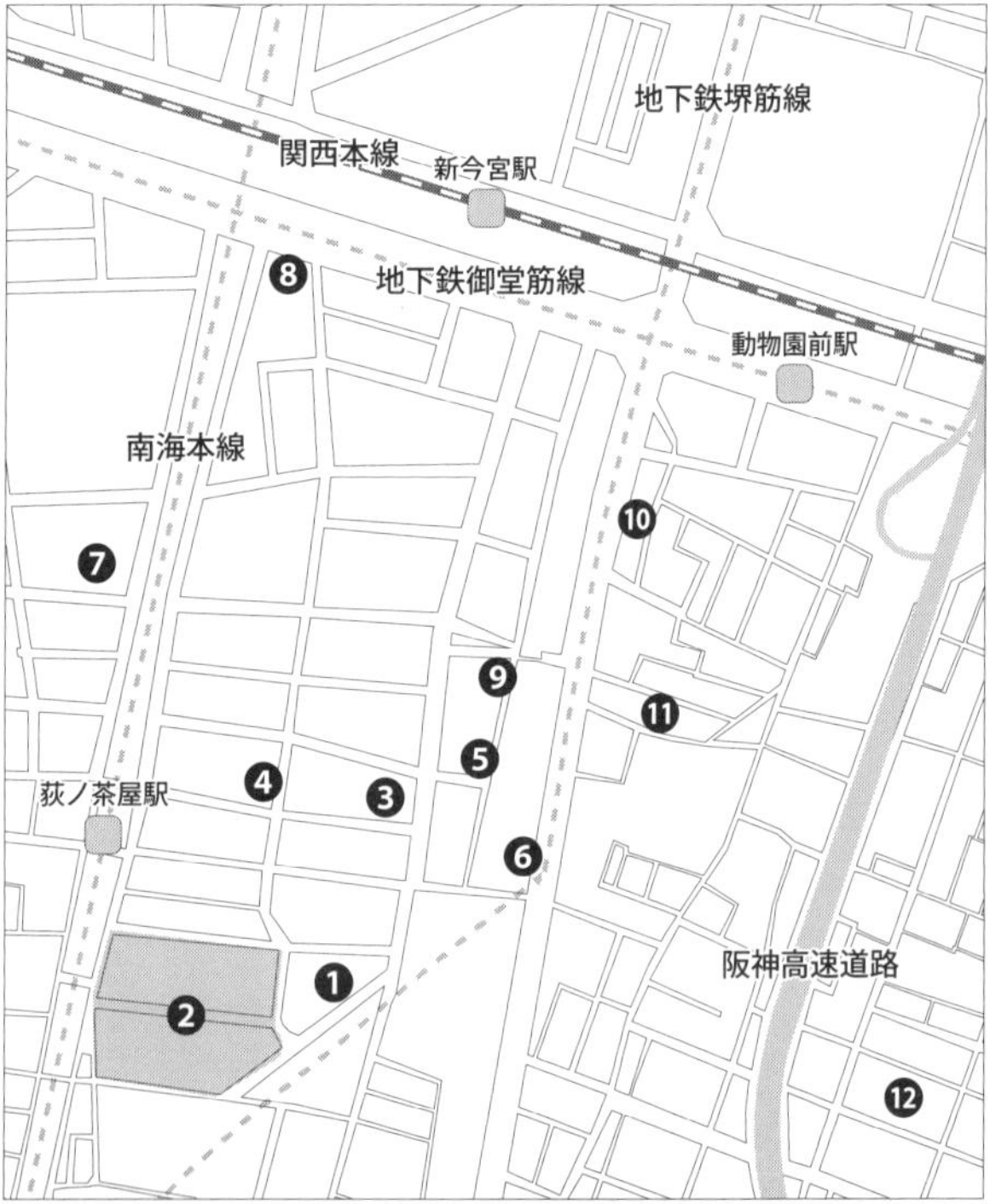

❶三角公園
❷組事務所密集地帯
❸西成警察署
❹ねむり姫
❺三先商店
❻スーパー玉出　天下茶屋店
❼西成民泊殺人の現場
❽あいりんセンター
❾ママリンゴ
❿ホルモンマルフク
⓫スポーツメンズクラブ大阪
⓬飛田新地

第一章　ドヤ街生活の始まり

四月一日　西成初日

ＪＲ新今宮駅前は、一年半前に見た光景とほとんど変わらずのんびりとした空気が流れていた。私はあいりん地区には似つかわしくないチェスターコートをすっぽりと着込んでいる。自販機ではホットコーヒーを選んでしまうような季節だ。

品川駅から新大阪駅に向かう新幹線の中では、終始心臓を指でつままれたような気持ちだった。出発の一ヶ月前に起きた事件。西成区にある民泊施設から女性の頭部が発見された。以前からテレビでは、「西成は外国人観光客の街に変わりつつある」と放送していたが、その外国人が人を殺したのだ。しかも残虐な方法で。

これからその街に住むということで、たくさんの知り合いから連絡がきた。

「死なないでください」

「また会える日を楽しみにしています」

「遺書は書きましたか？」

なかにはおふざけで連絡をしてくる者もいたが、やはり「西成」と聞いただけで、死と直結するイメージが湧いてきてしまうらしい。そんな声援をかけ続けられた私の気分はどんどん落ち込み、遺書の形式を調べ始めたり、生命保険というワードを無意識に検索したりするように。ここまでくるともう途中でくたばる気しかしてこない。

品川駅のキヨスクで車内用の昼食を買う。ビニール袋はいらないと伝えると、店員のお姉さんは「ありがとうございます！」と言ってくれた。その二秒後にはおにぎり二つをビニール袋に放り込んだ。私の言葉なんて誰にも届かない。いまの私など死んだって社会に何の影響もない……。


新今宮駅で降りた私はあいりんセンターへと向かった。正式名称は「あいりん労働福祉センター」。まあ簡単にいえばハローワークだ。朝五時になると多くの労働者がその日の仕事を求めて集まるらしく、逃亡中の市橋達也がここで仕事を見つけ、建設会社の寮に潜伏していたというのは有名な話だ。要は健康な身体さえあれば誰でも仕事にありつけるということだ。犯罪者であろうと指名手配犯であろうと関係ない。生きていくにはとにかく仕事をしなくてはならないのだ。

「なんや兄ちゃん仕事探しとるんか!?」

腰の曲がった労働者が顔にツバがかかりそうな勢いで話しかけてきた。顔と顔の距離が異常に近い。歯と歯の間にできた隙間までしっかりと見える。よく見ると歯茎が下に落ち、歯が何本か抜け落ちている。

「兄ちゃんのために言うとくけど、四月〜六月は仕事まったくないで。無理や。そもそもお前、土木の経験あるんか？」

「穴も掘ったことがありません」

「なんやそれ。そんなん契約型は絶対無理やで。せいぜい現金や」

日雇い労働の仕事には〝現金型〟と〝契約型〟の二つがある。

現金型は一日働いてその分の給料を手渡しでもらえるが、継続的な仕事の保証はない。住む場所も飯も自分で手配することになる。契約型は十日・十五日・三十日の契約期間が一般的で、共益費として三千円ほどを毎日支払うことで飯場と呼ばれる会社の寮に入ることができる。飯場に入った労働者たちはそこで寝泊まりしながら、朝になると乗り合わせのバンなどでそれぞれ担当の現場へと向かう。多くの飯場が個室を用意しており、飯も三食出してくれる。ネットでよく見る話だとタコ部屋と呼ばれる場所だ。

「お前がいくら欲しいかは知らんが、十日頑張ってもらえるのはせいぜい三万やぞ。金貯めたいんならまあ三ヶ月は頑張らなあかんな。まあ経験がないなら契約型は諦めろ」

随分と上から目線な言い草だが、いくら西成とはいえ経験がないと仕事を見つけるのは難しいようだ。このおじさんもなかなか仕事が見つからず、朝からセンター内を行ったり来た

あいりんセンターはハローワークだけでなく公園のような機能も果たしている

りしているのだろう。

時計の針は十七時を回ろうとしている。センターの周りではすでに路上に布団を敷いて眠りについているホームレスも多い。今日はもう働き手を探している業者もいないようだ。春に入ったとはいえ、まだまだ肌寒い西成。そろそろ宿を探した方が良さそうだ。

センターから南に進み、あいりん地区の中心部へと入る。メディアは「西成は外国人観光客の街になりつつある」と報道しているが、そんな空気はほとんど感じられない。たしかに「ＩＫＩＤＡＮＥ　ＨＯＵＳＥ」と書かれたゲストハウスの前ではバックパッカーらしき欧米人が路上に座りスマートフォンを触っているが、目に入る建

あいりん地区には1泊1000円ほどの簡易宿泊所が立ち並ぶ。現在は福祉の人間（生活保護受給者）が主な客である

物はドヤ（簡易宿泊所）ばかり。

　仕事にあぶれた労働者たちが大挙して押し寄せ、暴動の街と化していた九十年代。しかし現在では「福祉歓迎！」「敷金・保証金なし」という謳い文句を掲げた看板ばかりが目立つ。いくら身体が資本のドカタとはいえ、年をとればそりゃ衰えはくる。西成が労働者の街から生活保護の街へ変わったということは、歩いて数分でひしひしと伝わってきた。

　しばらくすると三角公園が見えてきた。形が三角だから三角公園と呼ばれている何の変哲もない公園だ。しかし場所が場所なだけに大阪市民も恐れる魔窟として知られている。なんでも大阪市民は、「あの公園だけは入っちゃダメ」「なにがあっても近寄るな」という教育のもと育っているらしい。たしかに奥に進むにつれ、さっきまで聞こえていた路上の笑い声もなくなってきた。

「オラッ！　オラッ！　殺されたいんか？」

三角公園の入り口で浮浪者が暴力をふるわれている。袋叩きにしている四十代らしき男三人も浮浪者といった出で立ちだ。荷物を持っているとヤバそうである。

日中であの様子では夜は一体どうなってしまうのだろう？　私は三角公園をあとにした。あまりここには近づかない方が良さそうだ。


三角公園のすぐ近くには西成警察署がある。かつての暴動で火炎瓶をバンバン投げ入れられたこの警察署。いまとなっては必要なさそうだが高い塀で四方が囲まれている。

その塀の目の前に「アスパラガス」というドヤがあった。料金は一泊千二百円と日本にしてはかなり安いので入ってみる。

「兄ちゃん、はじめてか？　ここは簡易宿泊所いうてな、ふつうのホテルではないんや」

「ええ、ドヤというんですよね。月単位で泊まらないとやはり難しいでしょうか？」

「普段は断っているけどいまは閑散期や。身分証明書のコピーは見せてもらうけど大丈夫か？」

塀に囲まれた西成警察署。暴動時は火炎瓶が投げ込まれた© Ogiyoshisan

指紋で曇ったメガネをかけたフロントの中年男は少し笑いながらそう言った。私は背中に大きなバックパックを背負っている。キタやミナミに観光で来る人間には見えないとしたら、やはり訳アリの人間に見られてしまうのだろうか。自分は優しい顔立ちと言われることが多くヤクザという柄でもない。となると覚せい剤で服役し、刑期を終えてシャバに出てきたものの行き場もなく、とりあえず西成に来てみたというところが相場だろうか。フロントの男の笑いには嘲笑が含まれていた。

あいりん地区の一部のドヤは、いまや単なる安ホテルとして外国人観光客や日本人観光客に利用されている。ただ、すべてのドヤがそういうわけではない。生活保護受給者のみが長期で住んでいる福祉専門のドヤもあれば、日雇い労働者が中心に住み着いているドヤもある。その両者が共存しているドヤ、さらにそこへ観光客や出張サラリーマンなども混ざり、なんでもアリの状態と化しているドヤもある。

アスパラガスには観光客はおらず、生活保護受給者と日雇い労働者が中心に生活していた。館内も部屋もかなり殺風景、聞こえてくるのはドアの隙間から漏れるラジオ中継の音くらいだ。

フロントの男が話すには繁忙期はすべての部屋が埋まることもあるというが、四月〜六月は日雇い労働者の求人は少ないため、野宿でしのぐ人も多いらしい。となるといまアスパラガスにいる人間の多くは生活保護受給者ということだろうか。私はいまだ生活保護を受けているという人に会ったこともなければ、受給者がどういった生活を送っているのか考えたこともなかった。

アスパラガスとは別の圧迫感のある１泊900円のドヤ。布団はもれなくタバコ臭い

十八時くらいだろうか、一階にある大浴場に入ると先客が二人いた。中年太りをしたおじさんと背中に刺青が入った痩せ気味のおじ

さんだった。

せっかくなので何か話しかけてみようと、刺青のおじさんの横に座る。長期で住んでいるのならお互いに顔見知りにもなり会話でも生まれそうなものだが、風呂の中では終始無言。さて、何を話し掛けようか。「もうここは長いんですか？」あたりが無難ではあるが面白みに欠ける。かといって競馬やパチンコはやらないタチなのでギャンブルの話をしても会話が続かないだろう。

西成における世間話の八割は競馬で、残りの二割はパチンコと競艇。路上で寝ているおじさんに競馬新聞の一つでもプレゼントすれば二人はもうお友達という街なのである。

「英作ゴルラアァァ！　何度言ったら分かるんじゃボケェ、今度ついてきたら脳ミソ潰したるからな！」

刺青のおじさんが突然私の隣で暴れ始めた。頭のネジが外れていないと出せないような大声を張り上げている。目線からすると英作はちょうど私の背後にいるようだ。さっきまでヒゲを剃っていた刺青のおじさんの手にはしっかりとカミソリが握られている。もう一人のおじさんは後ろを振り返ることもなく目をつぶって頭を洗っている。いつものことで慣れているのかそれとも相手を刺激しないようにやり過ごそうとしているのかは定かではないが、何も反応しないというのも見ていて異常である。

〝これはヤバイ！〟

本能的に身の危険を感じ、私は脱衣所へ避難した。尻の割れ目に泡がまだ付いたままだ。風呂の中ではまだおじさんが見えない英作と戦っている。その様子を見る限りでは英作は一定の距離を取りつつ、おじさんの周りをグルグルと回っているようだった。

風呂上がりに外を散歩していると、福祉専門ドヤ「ママリンゴ」の前を、イヤホンを付けて虚ろな目をした男が、「あ、あ、あ」と呟きながら歩いているのが見えた。歩幅は五センチくらい。その場でひたすら足踏みをしているようにも見える。何があったのかは知らないが、とりあえずおかしくなってしまったのだろう。そのような人間が他にもその辺をうろついている。そう、私は西成に来てしまったのだ。

あいりんセンターの求人

早朝五時のあいりんセンターには日雇いの仕事をあっせんする業者がわんさかいる。高齢化の著しいこの街とはいえ、まだまだ労働者の街というイメージも残っている。何より私は先月大学を卒業したばかりで貯金も心もとない。

西成で働くとなったら肉体労働しかないだろう。早起きをしてあいりんセンターへ行ってみようと思った。

目が覚めるとアスパラガスの廊下では怒号が飛び交っていた。それが喧嘩をしている声なのか、ただ一人で叫んでいる声なのかは分からないが、どうも外へ出る気にはならない。最悪の目覚めである。便意を催したので恐る恐るトイレに行くと、下半身を丸出しにしたおじさんが大便器に向かって「止まれアホゥ、止まれアホゥ」と繰り返し唸っている。とはいいつつも自分で水洗レバーを何回も引いている。見るからに「アブナイ人」である。

「なんやお前、来たんか?」

突然話しかけられた私は背筋にヒンヤリと冷たいものを感じ、足早にあいりんセンターへと向かった。


あいりんセンターの一階はピロティになっており、広場の中心に今日の求人が張り出されている。二階の窓口へ行っても仕事はほとんどなく、一階でウロウロしている業者と直接交渉して仕事へ行くのが一般的なようだ。

仲介を挟んだ方が悪質な業者が淘汰され、労働者にとっても街にとってもいい方向へと向かう気もするが、業者の人間が仕事を欲していそうな男に直接声をかけ、そのままバンに乗せてどこかへ連れて行ってしまった。

あいりんセンターの求人。ほとんどが現金型ではなく契約型での雇用であり、若ければ即採用。老人ははじかれることもある

日雇い労働には現金型と契約型の二つあることは昨日学んだが、肝心の仕事はほとんどないと言っていた。さらに掲示版を見ると現金型の仕事はゼロで、すべて十日間や三十日間の契約型だった。私には経験がないので必然的に仕事には就けないことになってしまうが……。

「兄ちゃん、仕事探しとるんか?」と四十代くらいの作業着姿の男性がすぐに声をかけてきた。

「はい、仕事探しているんですが、自分経験がまったくないんです」

「ええよ。兄ちゃんくらい若ければ経験なんか必要ない。道具はあるか? なかったらウチでも買えるから大丈夫や。給料から天引きしといたる。マルミで買うよりはちょっと高いが、そんないじわるなことはせんから安心して大丈夫や」

マルミという店が駅前に数店舗あるのは昨日見た。現場仕事に必要な作業着や安全靴、安全帯はもちろん、さまざまな道具が揃っている。給料から引かれるまでいくらかも分からない物よりは、マルミで安い物を選んで買いたい。それに掲示を見る限りでは業者はほかにも数十社はあるようだ。はじめに声をかけられた会社にすんなり付いていくなんてことは恐ろしくてできない。

出発の一週間前に編集長の紹介でライターの和田虫象さんに会った。昔一ヶ月ほど西成で日雇いの仕事を経験したことがあるという和田さんに色々と忠告を受けていた私は完全に怖気づいていたのだ。

「飯場を経営している会社なんて大体ヤクザですから、中には人道から外れたことをする業者も交じっていますよ。聞いた話では現場で大怪我をした労働者をダムの上から放り投げる会社があるらしいです。そんな労働者一人に金なんか払いたくないし、問題になるのも面倒ですからね」

と和田さんは話していた。

「とりあえず今日は大丈夫です。名刺だけ頂いても大丈夫ですか？」

「分かった、兄ちゃんならきっと活躍できるはずや。その辺に転がってる七十近いジジイでもできる仕事や。十日間がキツかったら一週間とか五日間とか、早めに出たって大丈夫や。じゃあ連絡待ってるからな」

名刺にはA建設と書いてあった。ほかにあてがなかったらこの会社にしよう。すると入れ替わるようにしてまた別の男がすり寄ってきた。今度は七十歳を超した腰の曲がった老人だった。

「兄ちゃん、さっきのA建設の奴やろ？　ここだけの話、A建設はやめといたほうがええ。有名なんや。仕事できへん奴はすぐに殺されるんや。ホンマやで？　実際にA建設に仕事に行ったきり帰ってけえへん人間がぎょうさんおる。悪いことは言わんからうちに来い」

まさかそんなこと、と思うがここは西成。大いにあり得る話である。暴力団に入り、犯罪を繰り返した末に行き場を失い西成へやってくる。家族はもちろん身寄りなどあるはずもない。そんな人間が死んだって誰も騒ぎなどしない。殺したところで下手すれば捜索願すら出ないだろう。腰の曲がった老人に連れられ、新今宮駅前に停まっているバンの前まで歩いた。車内から出てきた白髪交じりの男がこう言った。

「君さ、福島行ってみない？」

飯場へ行くのはもう少し考えてからにしよう。

西成三先通り

阪堺線今池駅の後ろに三先《みさき》商店という店がある。この店がある通りは通称「三先通り」と呼ばれ、車通りがほとんどないこともあり、昼間からすることのない生活保護受給者たちの溜まり場となっている。なけなしの金で買った三先商店のつまみをあてに、隣の自販機で購入したワンカップ酒をちびちびと、日がな一日舐め続けているのだ。

三先通りの路肩に座り、スーパー玉出で購入した弁当を食べている私の目の前では、五人の男たちがくだを巻いている。そのうち三人がヤクザを辞めて生活保護を受け始めた者。一人は過去のことを語りたがらないが察するにこの人も元ヤクザだろう。残りの一人はひたすら昔の武勇伝を私に語っている。

「三十の時に俺、もう死のうと思ってヤクザに喧嘩を売ったんや。男なら最後くらい強さを見せなあかんからな。ヤクザと素手で殴りあったんや。すごいやろ？」

その横では「お兄ちゃん将棋指しませんか？　ごめんなさいよ」と車イスに乗った沖縄出身の金城さんが私の腕を突いてくる。「人が話してんねや！」と金城さんを叱ったおばさんも生活保護受給者で、カバンに入ったお菓子を三先通りの人たちへ配りにやってきた。「兄ちゃん、韓流スターみたいやわあ」と差し出されたドーナツは日光でブヨブヨになっていた。

三先通り。一昔前と比べると随分と綺麗になった。あいりん地区には無料の駐輪場がいくつかある

　金城さんは語尾に「ごめんなさいよ」と付けるのが口癖であり、また話し方から察するに認知症が進行しているようだった。頭の体操にでもなればと私は久々に将棋を指してみることにした。それに、見下しているというわけではないが、ボケたじいさんに負けることはさすがにないだろうと高を括っていたのだ。

「兄ちゃん、それでは角が危ないです」

「兄ちゃん、それでは詰んでしまいます」

　金城さんは一手ずつ車イスから身を乗り出しては、絞り出すような声でこの一方的な対局を長引かせてくれるのだ。

「なんだか若い子いじめているみたいでもうしんどいわぁ。ほら、もう負けました。ごめんなさいよ」

　そう言うと金城さんは小指のない手で自分の王将を私に差し出した。いまでこそヤクザは指を詰めなくても辞められるようになったというが、金城さんはもう八十近い。しっかりとけじめをつけ、代わりに二百万を受け取り、ヤクザを引退したという。対局終わりに握手をした。小指の先をなでると金城さんは手を素早く引っ込め、

「やめてくださいな、もう綺麗さっぱり足を洗ったんですわ。ごめんなさいよ」

　と申し訳なさそうに頭を下げた。きっと償いたくてもどうすることもできない、思い出したくないことがたくさんあるのだろう。

「兄ちゃんもこれだけは分かっときや。足を洗えば綺麗に生きられるんや。自分の力で成長せなあかんで。誰も教えてくれないんやで。ごめんなさいよ」

　そう言うと、金城さんは別の老人と将棋を指し始めた。

　金城さんに話し相手を奪われた歌丸師匠に似た老人が私の隣に座り込んだ。

「兄ちゃん、それにしても若いですね。ほら、その靴なんか結構いいものじゃないですか。きっと立派な職業に就いているんでしょう?」

　スリスリとごまをするような口調で歌丸は私のことを探ってくる。

「いいえ、私もただの西成のいち労働者ですよ。しばらくしたら飯場に入ろうと思っているんです」

「へえ、兄ちゃんみたいな方が飯場ですか。育ちのよさそうな顔をしているのにもったいないですよ。建設の現場は私も行ったことありますがキツイですよ。若いうちしかできない仕事ですけど、若い人間がするような仕事じゃない。兄ちゃんのように賢そうな方ならほかにも仕事はたくさんあるでしょう」

「歌丸さん、今日はお仕事休みなんですか？」

こちらも探るように聞いてみると、歌丸は「私が仕事なんて、そんなやめてください」と苦笑しながら話し始めた。

「私、じつはつい十日ほど前に神戸の刑務所を出たばかりなんですわ。前回は七年入っていましたけど今回は二年。檻の中にいる時から肝臓が悪くてですね、いまは福祉の申請待ちといったところですわ。西成って街は私みたいな人間まで面倒見てくれるいいところですよ。生活保護が下りるまでの期間はなんでも業者が金利なしでお金を貸してくれるっていうんですから」

歌丸はそう話している間もヘラヘラしながらワンカップ酒をすすっている。肝臓が悪いというのに今日だけでもう十五杯目だ。まだ四十代だというのに骸骨のようにやせ細り、脚を引きずるようにして歩いている。

歌丸にはプライドというものがない。前科についても「やっちまったんです、へへへ」という感じでまるで人ごとのように話す。それは自分の犯した過ちを包み隠さずに人に話すという罪の意識ゆえの行為ではなく、ただ捕まって刑期を終えて出てきたという事実のみを並べ、他に意味を含まない話し方だ。

生活保護に関しても肝臓が悪いから福祉で食べさせてもらえばいい、というような単純な気持ちで、少しでも良くなって社会復帰しようという意志はまるで感じられない。犯した罪を尋ねると、さらりと「空き巣ですわ」と答えた。歌丸には窃盗という罪がとてもお似合いだ。

そこへ自転車に二人乗りをした男女がやってきた。年齢は四十〜五十くらいだろうか。上下スウェットでサンダルを履いた金髪の女はブクブクと太っており、いかにも不健康そうな風貌だ。いつか裁判傍聴で見た、覚せい剤中毒の女と顔も体型も口調も被るものがあった。

「また面倒な奴らが来やがった」と歌丸の隣にいたシゲがぼそりと呟いた。

「ねえ見て！　またしょうもないもの買っちゃったの！　ほら、コーチのカバン！　これ五万円なのよ」

袋からカバンを取り出し肩にかけてみせた女に対し、どこからか「五万なんてそれは高いものですね」と取ってつけたような声が出る。

「五万円なんて私にとっては五千円みたいなものよ。こんなの高いって言っていたら人間終わりだわ！　今日は八万以上使ったわ！」

なんだろう、私にとっては初めて見る類の人種である。あいりんの生活保護受給者たちにブランド品を自慢する……。終わっている。しかしそれよりも気になるのはこの程度の頭の持ち主である女がどうやってコーチのカバンを買う金を手にしているのかということだった。

三先通りの恋

次の日も結局、私は飯場には入らなかった。初日、あいりんセンターで会った労働者の話では今の時期は仕事が少なく、「知識も経験もないお前に仕事なんかあるわけない」とのことだったが、まったくもってそんなことはない。穴を掘ることも土のうを運ぶこともできるこの若い身体があいりんセンターをうろついていれば、すぐに声を掛けられる。

それは私が長く続けてきた格闘技のおかげで、人よりもがっしりとした体型をしているからではない。おそらく、もやしのような腕で真っ白な肌をしていても、腰が曲がっていないくらいの年齢ならすぐに声を掛けられるだろう。気持ちさえ伴っていればいつだって日銭を稼ぐことができるが、その気持ちがついてこないのだ。

日が落ち始め、ドヤがアスファルトに落とす影も細長くなってきた。私は油を売りに三先通りへと向かった。

三先通りには昨日と同じメンバーのほかに、サキという女子大生が加わっていた。サキの目はパッチリしていて髪の毛もツヤツヤで、十人いれば十人が可愛いというくらいのルックスである。そんな女がサンダルを引きずり足の裏がゾウのようになっている男たちに囲まれている。近年はあいりん地区にも若い女性が歩くようにはなったが、それでもドヤ住みの男たちがいつでも襲えてしまえそうな距離で若い女を囲んでいる光景は異様であった。

サキは横浜から五日間だけ西成へ来ており明日には帰るという。三先通りには初日から通っており、男たちとはすでに打ち解けている様子だ。

「金城さん、触っちゃダメだからね。私から触るのは大丈夫。ほら腕揉んであげるから」

「触りませんよ。ごめんなさいよ」

金城さんだけでなくほかの男たちも指の先だけでも触りたそうな目で、サキを舐めまわすように見ている。少しでも若い女の匂いを鼻の奥に感じようと、サキに怒られないギリギリの距離まで身体を寄せている。そんな男たちの欲求をコントロールしながら、サキはパシャリパシャリと一眼レフで写真を撮っていく。

「サキちゃん、そんなに写真撮ってどうすんねん？」

「いいからシゲさんこっち向いて」

一般人が興味本位であいりんの路上の男たちにカメラなど向けようものなら、それはもう乱闘騒ぎ必至であるのだが、みんなサキの可愛さにやられているのだ。いくら年寄りとはいえ、数人いれば一人の女性などすぐに襲えてしまうだろう。歌丸とシゲに関してはまだ四十代であり、シゲなどはすでに餓えた獣のような目でサキを見つめている。

「おい、こんな可愛い女が目の前にいてマジでなんもしねえのかよお前ら」という気持ちと「お前らサキに手出したらただじゃおかねえからな」という二つの感情が交錯し、お互いにけん制し合っているのが空気感だけで伝わってくる。とくにシゲに関してはその気持ちがより一層強いようだった。サキが帰った後、シゲは「ビールをごちそうしてやるから」と三先通りから徒歩で五分の場所にある自宅に私を招いた。

シゲの家は、築四十年は超えようかという右に三度ほど傾いた木賃宿で、一部屋は三畳ほどだ。シゲは「俺なんていつ捕まるか分からねえよ」と笑っている。数え切れないほどの悪さを重ね、逮捕状が出ているのか出ていないのか分かったものではないのだろう。まだ四十二歳というが生活保護を受給しているという。

「ほら兄ちゃん飲めよ、カンパーイ」

部屋中に転がっているコンビニ袋やタバコの吸い殻をかき分け、座るスペースを作ってくれた。シゲが腰をおろした万年床には弁当の食べカスやバランが転がっている。

シゲの家。住人は基本的には生活保護受給者である。家賃は月 38,000 円

「兄ちゃんそれにしても、サキのやつ可愛いよなぁ。兄ちゃんもそう思わんか?」

「可愛いですよ、それにあの子おっぱいまで大きいじゃないですか」

　サキを囲む男たちの横で、私もかすかに漂ってくるシャンプーの香りを感じていたのだ。あいりんに住みながら若い女とあれだけ近い距離で話せる機会もそうそうないだろう。商店街に乱立するカラオケ居酒屋に行けば露出の多い中国人娘に会うことはできるが、サキにはそれとは違った健康的な色気がある。

「サキはな、少しくらい俺に気あると思うねん。この前な、サキが三先の男を何人か誘って飲みに連れて行ってくれたんや。まあ安い店やけどあいつが全部出してくれた。そのあと俺の隣に来てよ、『今度はシゲさんと二人で行きたい』って言うんや」

　あいりん地区だけでなく都内でもホームレス関連の取材をする場合、カバンにタバコかワンカップ酒をしのばせ、「とりあえずこれでもどうですか?」とチラつかせる行為は基本中の基本といった手法ではあるが、さすがに女子大生がするようなことではない。

「それで二人で飲みに行ったんや。サキ、距離が近いねん。俺の腕にずっとおっぱいが当たってんねん。こんなのイケる思うやん? でもホテルに誘ってもな、絶対に首を縦には振らないんや。ああ見えてかなりガードが堅いねん。俺だけじゃなく、ほかの男にも同じだと思うんやけどな」

　シゲはあいりん地区でこそ、ほかの労働者や生活保護受給者たちの中に溶け込んではいるものの、なんばや梅田といった街を歩けばおそらくほとんどの人が浮浪者であると思うだろう。

「あんなことされたらな、もう家帰って一人で抜くしかないやん。サキのおっぱいの感触を思い出してひたすらセンズリぶっこくしかないねん。でもサキのやつ、俺が二の腕でも触ろうとするとごっつ怒るんやで。言ってることとやってることがもうメチャクチャやや」

　私がサキに「写真やってるの?」と尋ねると「まあ、そんな感じ」と言っていた。詳しいことは分からないが私と同じような目的で西成に滞在しているのだろう。だとすれば、サキの作戦はこれ以上ないほどうまくいっているのだが、三先の男たちはもう爆発寸前といった様子である。

「兄ちゃんも女好きやろ？　ＤＶＤ見るか？　もちろん裏モノやで」

「裏モノっていうのは無修正の作品ってことですよね？　いいじゃないですか、一緒に見ましょうよ」

「そうか！　一つ好きな作品があるんや。ちょっと探すから待っといてくれな」

シゲはそう言うと裏面がむき出しのまま転がったＤＶＤの束を漁り始めた。表面はすべて真っ白、もちろん海賊版のＤＶＤである。都内では歌舞伎町などで裏ＤＶＤ屋が乱立していたが、マンションの一室などで摘発の目を逃れながら営業をしていた。しかしあいりん地区ではその辺の道ばたで堂々と売られている。

日曜日の早朝に行われる闇市は今ではメジャーな存在となったが、平日の昼間でも露店はあちこちで開かれている。今池駅前にあるスーパー玉出の軒先ではスーツと革靴で身を固めていながら、どこまでもお金のなさそうに見えるオヤジが毎日のように風呂敷を道路に敷いては、その上に海賊版のエロＤＶＤを並べている。

なかなかお気に入りの作品が見つからない。ガサツなシゲは「これじゃない」とデッキから取り出したＤＶＤを再び束の中に戻してしまう。三日連続で酒を飲んだせいで顔がむくんだような女がアニメのコスプレをした作品が三回再生され、「またこれやんけ！」とイライラを募らせている。ようやく見つけ出したシゲオススメの作品は、これといって特徴のない、しいて言えば少しだけムチムチしている三十過ぎの女がただ後ろから突かれ続けるというものだった。「これくらい歳取っていてな、ちょっとだけブスな女のほうがむしろエロい気がするんや」と話すシゲと一緒に十分ほどブラウン管を眺めた。

裏モノＤＶＤといっても何のことはない。無修正の有料アダルト動画サイトで配信されている作品をそのままＤＶＤに焼いただけのもの。私はそれよりもシゲがタバコの吸い殻を木造の床にそのままポイポイと捨ててしまうことが気になった。あいりん地区の木賃宿では頻繁に火災が発生し死者も出ているようだが、納得の結果である。

「兄ちゃん、彼女おるん？」

「ええ、いますよ」

「なんや彼女おるんか。なあ、どこで出会ったん？　もうヤッた？　ええなー、彼女。俺はもう彼女なんて一生できひんよ！」

たしかに今のシゲでは彼女どころか飛田新地の遊郭にですら入店を断られてしまうだろう。

「サキがいるじゃないですか。明日、家に誘ってみたらどうです？」

「兄ちゃん、この部屋はさすがにマズいやろ！　こんな汚いところで女が股開くと思うか？」

恋は実らずとも、若い男と女の話ができるというだけで、シゲはとにかく楽しそうだった。

「兄ちゃん、俺の家覚えたやろ？　またいつでも来てや」

後日、パチンコ店から出てきても特にすることもなく、通行人に意味もなくガンを飛ばすシゲを遠目から見つけたが、それ以来あいりんでシゲの姿を見ることはなかった。

第二章　地下の世界〝飯場〟へ

ついに飯場へ向かう

数日後、私は再びあいりんセンターへ足を運び、求人の募集を眺めていた。すでに西成へ来て一週間が経とうとしているが、覚えていることといえばシゲとアダルトビデオを見たことくらいだ。宿泊しているドヤの強烈なカビとハウスダストにやられ、鼻はコンクリートでも流し込んだかのように詰まり、耳はほとんど聞こえなくなった。南京虫は出るし本当にインドの安宿みたいなところである。しかし病院で検査をしたところ異常なし。職業を聞かれたときは一体何と答えればいいものか迷ったが、処方された薬でなんとか日常生活ができるようになった。

今日は契約型の仕事に加え現金型の募集もいくつか出ている。まずは一日だけ現金型の仕事をこなして飯場行きはもう少し先延ばしにしようか。いや、わざわざ死に急ぐこともない。この際、飯場行きはやめてしまおうか……。

いままで何人の訳アリ人間たちがこのあいりんセンターを訪れたのだろうか。中には前科者もいるだろうし指名手配犯だっているだろう。そりゃ誰だって飯場なんて行きたくない。でもほかに行く当てもないので結局はここで働くことになる。ウダウダしているとこの前名刺をもらったA建設の男が近づいてきた。連絡すると言っておきながら私は電話一つかけずに名刺を破り捨てていた。

「おう兄ちゃん。まだこんなところにいたんか。この前の話どないする？　飯場が怖いのは分かるけどな、そんなこと言っとっても結局いつかは行かんとどうしようもないんやろ。一回、腹括ってやってみるしかないんちゃう？」

この街にいるというだけで、まるでヤクザ上がりかムショ上がりであるかのような扱いを受ける。私くらいの若さだとなおさらだ。それだけ訳アリが多いということではあるが、気分としては決していいものではない。

少なくとも人がバンバン死んでいるという噂のA建設はなしだ。自分はこの前大学を卒業したばかりで、ヤクザ上がりでもムショ上がりでもなんでもない。とはいえどの会社も人道外れた悪徳業者に

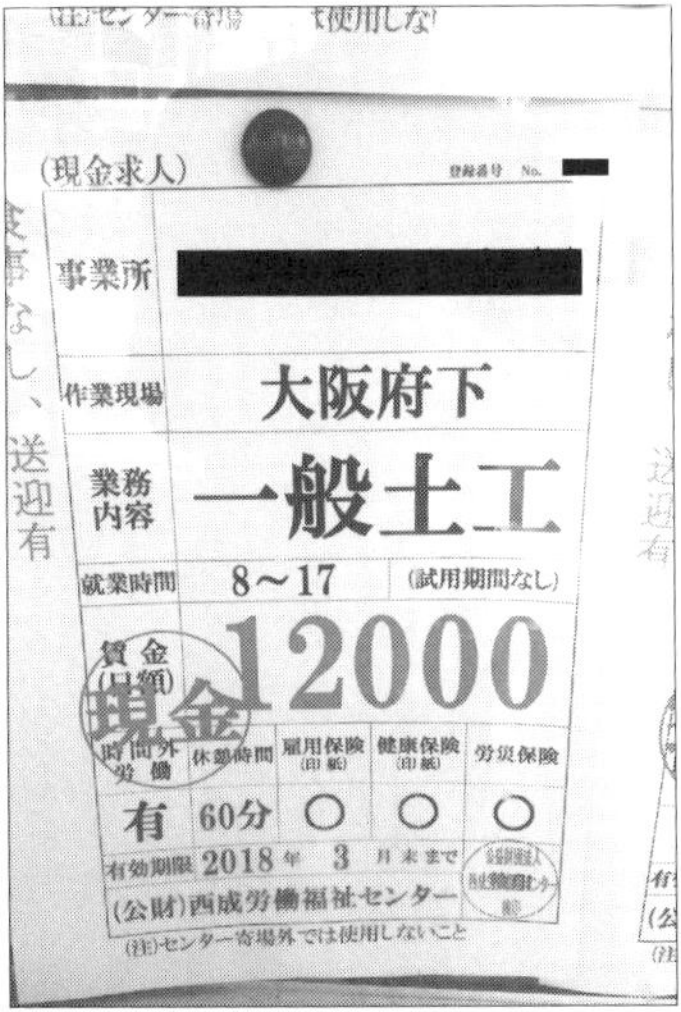

あいりんセンターの一階に貼り出された求人。見ていると業者がすぐに寄ってくる

見えてきた。L興業、M開発、N組などなど……。どれもヤクザを連想させるような文字の響きだ。結局どこへ行っても運が悪ければ怪我をしてダムに放り込まれるのだろうか。どこの会社がどうという問題ではなく、このあいりんセンター自体が地獄への窓口になっているということか。

ならばその地獄とやらに思い切って行ってみようではないか。自分なんて死んでも悲しむのはせいぜい数人で、その悲しみすら季節が変われば風化してしまうだろう。私はそんなにたいそうな人間などではない。次に声をかけてきた会社にホイホイ付いて行ってしまえばいい。

するとS建設という会社の掲示が目に入った。よく分からないがこの会社だけ「健康保険」の欄に丸が付いている。ほかはどの会社も健康保険の欄が空欄で、なんだか不安だったのだ。しかも部屋は完全個室で所在地は西成区ときた。和歌山県の聞いたこともないような町にある海沿いの飯場など行きたくない。山奥の空き地に建つプレハブ小屋、断崖絶壁の海岸といった不安を煽る風景ばかりが浮かんでくる。よし、S建設に行こう。もう私にはS建設しかない。

するとタイヤの小さい二十インチの自転車に乗った老人がフラフラと近づいてきた。肩には小さいポーチをかけ、ハンチング帽をかぶっている。いつか見た、池袋のポルノ映画館で上映していたヘンリー塚本作品に、同じような男が出ていたような気がする。

「兄ちゃん、仕事あるよ」

私はもう行く気満々の顔になっていたのだろう。男は必要最低限のことだけを私に伝えた。他の業者が口にするような「部屋が綺麗だ」とか「楽な仕事が多い」とか、逆に怪しさを醸し出してしまうようなアピールがない。なにをいってもこいつは仕事に行くと男も悟ったのだろう。私はムショ上がりの行き場のない若者の、選択肢がないゆえの迷いのない顔と同じ表情をしていたのだ。

「S建設に行きたいのですが」

「おおS建設ならまだ枠が空いとるで！　車のところまで連れて行ってやるわ。おーい、S建設さん！　この若い兄ちゃんが寮に入りたい言うとるで」

あいりんセンターの端に停まっている白い乗用車の前にはS建設の社員と思われる男が二人いた。私は車には疎いため車種は分からなかったが、もしボディが白でなく黒だったら一発でヤクザと分かるような車である。二人の男は角刈りで建築現場にいそうなガテン系であったが、休日は家族とアウトレットにでも行っていそうな人の良さそうなおじさんである。

「兵庫と大阪、どっちがええ？」

「人が足りていない方に行きます。私、経験が本当にゼロなのですが大丈夫ですか？」

土木経験がゼロの木偶《でく》の坊である私の取柄、それは謙虚さのみである。

「何も問題ないわ。経験がなくてもできる現場に付けてやるから安心せえ。作業着とか安全靴もろもろも全部貸せるで。もちろん金は取らん。え、全部持ってるん？　じゃあ決まりや。オールオッケーや！　ほら、後ろに乗って寮に行くぞ」

私は昨日の夕方、リサイクルショップで上下の作業着（千円）とマルミで安全靴と安全帯（四千円）を購入した。はじめ安全帯がどういうものなのか分からず、ペラペラのベルトを持って「安全帯はこれですか？」と店員に聞いてしまった。

安全帯は高所での作業の際、自分の腰と手すりなどをガチャリと繋ぎ、落下を防ぐ命綱のようなもの。こんなペラペラのベルトでは命など守れたものではない。店員は不思議そうな表情でそう教えてくれた。あいりんの男たちは長年、肉体労働で生きている。私は完全に浮いていた。

後部座席に座るとすぐに車は動き出した。私は今の今まで飯場という存在をネットの中の文字でしか感じたことがない。どんな場所なのか外観も中身もまったく想像がつかない。三先通りで会ったシゲの部屋に行く時も「もしかしたら襲われて金を取られるのでは」と少しばかりヒヤヒヤしたものだが、その比ではなかった。私はこれから一体どこへ連れて行かれるのだろうか。

車はあいりんセンターを出発して五分も走らない距離にあるビルの前で停まった。さすがに近すぎるので缶コーヒーでもおごってくれるのかと思ったのだが、どうやらこのいかにもヤクザが所持していそうなピカピカのビルがS建設の飯場らしい。まぶしいくらいに太陽の光を反射している外壁さえ除けば、その辺にあるドヤと同じような造りである。一部屋ごとに窓が設けられており、半開きの窓からは干した作業着が見える。最上階だけなぜか窓が一つもない。元々ドヤだった建物を会社が買い取って改装したのだろう、住み心地は昨日まで泊まっていたドヤよりも良さそうである。

「西成の飯場で良かった」と心から思った。あいりん地区のど真ん中にあるタコ部屋と聞くといかにもヤバそうな匂いがプンプンではあるが、今となってはこれほど安心できる土地はない。あいりん地区といっても徒歩三分の場所にはＪＲや地下鉄の駅があり、なんばへも歩いて行けてしまう。一般社会とは隔絶されているように見えるが、じつは一般社会が目と鼻の先に感じられる現代的な場所なのである。名前も知らないような山奥の村に連れて行かれ、ダムを造らされるよりは百倍マシだ。

「兄ちゃん、朝飯食った？　まだやったら奥の食堂で弁当もらってきいや。ちょっと書いてもらいたい書類があるから食いながら待っといてな」

飯場のビルに入り右に進むと三十人ほどが入る食堂がある。朝食、夕食はバイキング形式になっており、昼は支給された弁当を現場に持っていく。朝食の時間はかなり早く、すでに終わってしまったので、私は昼の弁当を朝食代わりにして食べた。さらに昼用にもう一つ弁当を持って行っていいという。

「じゃあこの書類にな、書けるところまででいいから書いてくれや。みんなそれぞれ色々あってここに来るからな、余計なことは聞かないから安心し」

書類に個人情報を記入していく。といっても身分証明書等をあとで見せる必要はないということなので、名前、住所ともにでっちあげでも何も問題はない。市橋達也があいりんセンターで仕事を探し、飯場に潜伏していたというのは彼の手記にも記されている。その事件を機に、飯場でも身分証明書の提示が必須となり、誰でも働けるという状況ではなくなったと聞いていた。しかしザルである。S建設には偽名を使っている人間はもちろんのこと、指名手配犯だっているかもしれない。

現在あいりん地区では常に警察がパトロールを行っており、狭い地区のなかにパトカーや自転車に乗ったポリスがウロウロしている。三先通りのシゲいわく、「常時七十人のポリスがパトロールをしている」ということだった。七十人という数字に根拠はまったくないのだが、「こんなに警察がいたら俺なんていつパクられても分からねえよ」と怯えるシゲを見れば、とにかく多いということは間違いない。

自転車に乗っているだけで職務質問をされるこの街、逮捕状が出ていれば犯罪者なんて一発で捕まるんじゃないかとも思うが、星の数だけいる労働者。しかも入れ替わりの非常に激しい街のため、アッと驚くような犯罪者がひっそりと潜んでいてもなんらおかしいことではない気がする。

となると目の前にいるS建設の社員は私のことをもれなく前科者、もしくは逃走中の訳アリ人間と思っているわけで、「生きている価値なんて何もないのだから、何したっていい」くらいに考えているはずだ。

「仕事は明日からやから今日はゆっくり休んどき。兄ちゃんも色々あったんやろうし疲れたやろ。今日の三食と部屋代はタダにしておくから安心してな」とこんな感じで温泉宿にでも泊まっているような扱いが逆に不安を煽るのである。

書類の記入が終わると、「まっちゃん」という寮全体の世話人をしている小柄な男が部屋まで案内してくれた。まっちゃんもまるでデパートのエレベーターガールのようにボタンを押し、私を先に扉の方へ案内する。

「いまテレビを持ってきますから、少し部屋で待っていてください」と言うと、まっちゃんは小走りでまた下の階へ降りていった。私の部屋は四階で広さは三畳ほど。布団を敷いてしまえばほとんどスペースはなくなってしまうが、それでも快適に眠ることができる清潔さで

飯場の自室。1泊1000円のドヤと比べると見た目は清潔だが、夜になると南京虫が這い出してくる

ある。これにテレビと三食付いて風呂にも入れる。それで一日の共益費は三千円。一ヶ月にすると九万円ほどなので少し高い気もするが、法外な搾取といった料金ではない。

「失礼します。テレビを持ってきました」

コンコンというノックと共に、まっちゃんがダンボールに入った新品の液晶テレビを持ってきた。私は最近の若者らしくほとんどテレビは見ないので無駄なお金は使いたくない。こんな新品をビリビリと開封しておいてタダなんて、ありんでは信じられなかった。

「國友さん、安心してください。テレビは部屋に備え付けなので追加料金を取るなんてことはしないですよ。それより遅くなってすみませんでした。いま配線をしますからね……」

どこまでも丁寧なまっちゃん。配線が終わった後は、一階にあるコインランドリーや大浴場の案内までしてくれた。

弁当を食べるとホッとしてしまったのか、一気に睡魔が襲ってきた。窓を開けると、生温かい部屋にひんやりとした空気が流れ込んでくる。電車が線路の上を走る音も心地よい。西成に来て約一週間、私は久しぶりに深い眠りについた。

【一日目】地下の世界へ

なぜだか分からないが自分が本当にどうしようもない――西成で一生ドカタをするしか選択肢のない――人間であるように思えてきた。前科はないとはいえ、私はもう二十五歳。このままライターを続けたところで売れる保証などどこにもないし、むしろどうにもならなくなる可能性の方が高い気がする。「こりゃダメだ」と気付いた時にはすでに三十歳。正社員経験のない裏モノ系ライターがそこから就職するなんて、司法試験より難しい。少なくとも自分が人事担当だったら裏で「変わった人が来たんですよ」と話題にするだけで、間違っても採用しないだろう。

朝の四時半に起床し、五時に一階の入り口に集合する。食堂では岩のような手をした大柄な男や、歯が抜け腰の曲がった老人が生卵を白飯にぶっかけ、初めて持ったみたいな箸の持ち方でかき込んでいる。

ズボンに手を入れ股間を掻きむしり指先の匂いを嗅ぐ男。ポケットに両手を突っ込み、肩を揺らして歩きながら何事かわめいている男。いままで関わることのなかった人間たちがここに集まっている。世間の目が届くことのない、日の当たらない地下の世界へやってきたのだ。

新しく現場に入るということで書類を何枚か書かされた。これはS建設ではなくこれから行く現場のクライアントに提出する物のようだ。安全対策に関する講習はしっかり受けたか、といったいくつかのチェック項目がある。

「よく分からないだろうけど全部チェック入れておいて」

と私の現場の班長である菊池さんに書類を渡された。この菊池さんはS建設に入ってすでに十五年以上。その想像を絶する勤務年数ゆえに班長に抜擢されているが、日給は私と同じ一万円（内寮費が三千円）。むしろまったく度が合っておらず遠くの物はもちろん、近くの物もそれはそれでぼやけるという眼鏡（菊池さんは乱視なのにケチって乱視を入れなかったらしい）のせいで周りからはボンクラ扱いされている。

「北海道出身だが住民票がどこにあるかもう分からない」ということから分かるように、一生飯場暮らしのチケットが発行済の菊池さん。いつも下を向いては行き詰まった顔をしている。

講習などもちろん受けていない上に私は「安全帯」の使い方すら知らない。分かっているのは金属でできている道具のため、あいりんの男にとってはちと値が張る品物ということくらい。こんな状態で安全に作業ができるとは到底思わなかったが、あと十分で現場に向かうというので、内容も読まず、すべてにチェックを入れた。

私は「土工」という職種になるらしい。簡単に言うと一番下っ端の底辺労働者ということだ。飯場に入っている人間のほとんどがこの土工というポジションになる。何年飯場にいるとかそういったことは関係ない。全員ひっくるめて底辺土工だ。

飯場の世話人であるまっちゃんにヘルメットを借り、バンに乗り込む。ドライバーを含めメンバーは総勢八名。助手席に一人、真ん中の列に三人、座席の取り外された後ろに三人という陣営で、私はもちろんシートのない後ろの席である。「床に座るとバランスが悪くて倒れちまうから、そのタイヤに座りな」と教えてくれたのは春日部出身の岡田さん。場所を半分に分けタイヤに一緒に座った宮崎出身の男（以下宮崎さん）いわく、岡田さんは元コッテコテの右翼活動家で、その過激さゆえにまあ色々とあり、今は西成に住んでいるらしい。岡田さんは現金型で来ており寮には入っていないが、宮崎さんはバリバリの飯場暮らし。しかも私と部屋が隣であった。

バンの中は終始無言。たまに競馬の話が出るくらい（しかも外れた話だけ）で基本的には重苦しい空気が流れている。信号待ちの際、窓から隣の車線に停まっているバンを覗いてみると、同じように行き詰った顔をしている男たちが乗っていた。

しばらくすると遠くに野球ドームが見えてきた。そういえば松井稼頭央に憧れていた小学生の頃の自分はプロ野球選手になれると本気で思っていた。さらに重苦しい気持ちになると、バンはコンビニの駐車場に停車した。寮に入っている人は朝飯も食べられて弁当の支給もあるが、現金型で来ている人は当然、飯は自分で調達することになる。一日働いて七千円では少し寂しいが、一文無しの訳アリ人間にとってはわずかに残されたすがれる場所。とりあえず飯場に入ってしまえば、食うものと寝る場所には困らないのである。

バンに乗り込んで約一時間、今日の現場に到着した。老朽化で閉館したデパートらしい。これから十日間、どんな仕事をするかさっぱり分からないが、とりあえずこの建物をぶっ壊して更地にするというのが現場の最終目標である。

解体と産廃はもれなくヤクザ関係という話はよく聞くが、S建設は解体業をメインに行っ

映画のロケにでも使われそうな雰囲気だが、労働者として入ると気持ちはまったく上がらなかった

ている会社だ。デパートはすでに内装のほとんどが取り払われており、すでに廃墟と化している。天井からは無数の配線が垂れ下がり、壁や床が壊され筒抜けになっている大空間は薄暗く、地下階などはライトがないと足元に空いた穴すら見えない。上から滴り落ちる水滴を避けながら、地下一階にあるS建設専用の休憩室に腰かける。仕事開始までまだ一時間近くある。静寂の中に土工たちの咳やため息だけが響いている。

始業十分前になったので、一階に上がり朝礼を行う。作業員は全部で百人近くはいるだろうか、S建設のような土工軍団を派遣している業者がもう一つ。クライアントである解体業者のほかにも鳶職人やガードマンもいる。仲良さそうにじゃれ合っている作業員もいれば、すでに現場での自分の居場所を失ったのか、うつむきながらじっとしている人間もいる。

スピーカーからどこかで聞いたことのあるプロレスラーの入場曲がかかり、続いてラジオ体操が始まった。最後にラジオ体操をしたのは中学校の体育祭だっただろうか。反抗期で嫌々やっていた記憶があるが、その時とはまるで違った気持ちだ。ラジオ体操をやれと言われたらやるし、土を運べと言われたら運ぶ。掃除をしろと言われたらホウキを持ってくるし、タイヤを洗えと言われればホースを伸ばす。

ここにいる人間は、ただいらなくなった粗大ゴミを壊すためだけの人間。久しぶりのラジオ体操で心なしか身体は軽くなったが、気持ちは暗いままだった。

現場に出る

解体作業というものはじつに原始的である。さすがに重機を使って壊していくのだが、細かい作業はすべて下っ端の土工たちがせっせと手作業で行う。ダイナマイトでドカン！と一気に爆破して、粉々になった廃材をブルドーザーで埋め立て地へぶち込んで終わりというわけにはいかない（これはこれで原始的だが）。

壊せるところから少しずつ手を入れて次はどこを壊せるのかなといった感じで、建設する時とは違って決まった設計図があるわけではない。

私は一階の外壁周りに配属された。取り壊していく前に外壁に沿って足場を組んでいく必要がある。しかし地中には無数の鉄筋が張り巡らされており、これを取り除かないことには足場を組むことができない。ユンボで穴を掘り、あらわになった鉄筋をひとつずつ作業員がバーナーのような道具で切断していく。とはいえ穴を掘るにもユンボでは限界がある。ユンボはもちろんのことバーナーを使うにも資格がいるようなので、ここで底辺土工である私の登場だ。

ユンボが掘った穴をもう一度手で掘り返し、できるだけ鉄筋が浮き出るようにする。地中には鉄筋以外にも取り除かなくてはならない鉄の塊がゴロゴロあり、ユンボの先をドリルに替えてぐちゃぐちゃに潰していく。その際、舞う粉塵をそのままにしていると、地域一帯が粉まみれになり周辺住民からクレームがつきかねない。そこで私がジェット噴射のホースを持って、粉塵を打ち落としていく。ユンボを運転していたクライアント業者（この現場におけるヒエラルキーでは一番上になる）の遠藤さんは、

「このあと盛大にぶっ壊すための下準備や」

ユンボが掘り返した穴。粉塵が舞わないように水を撒いているので体中泥だらけになる

と言っていた。その盛大なるぶっ壊しをこの目で見てみたいものだが、おそらく十日間では到底叶わないだろう。そのくらいこの大きな施設を更地にするのは気の遠くなる作業だった。数年後、見にこようかとも思ったが、敷地の周りは高さ三メートル以上の防音シートで囲まれており、外から現場を覗くことはほとんどできない。この防音シート、下の部分が敷地側に折り込まれるようになっており、ユンボで穴を掘る際にこのままではシートを突き破ってしまう。まずはこのシートを道路側に折り返して、通行人が足をかけて転ばないようにその周りにカラーコーンを立てるというのが私の仕事だ。

ゴミや機材を運び、すでに泥だらけになっている姿で道路へと出る。しゃがみこんで防音シートを引っ張り出そうとするが、これが分厚くて重い。ヘルメットを斜めにし、汗をダラダラかきながら必死に地面に這いつくばっていると、すぐ隣を三人の女子高生が通り過ぎた。私には一瞥もくれず、スカートを手で押さえながら歩いて行く。

現場作業を生業にしている人はいくらでもいる。その中には結婚をして家庭を持っている人もいるだろう。しかし私はあいりん地区の中にあるタコ部屋の最底辺土工。外を歩いているスーツ姿の人間たちとは住んでいる世界が違った。人間として大きな差をそこに感じざるを得なかった。防音シートもすべて引っ張り出したことだし、さっさと現場に戻ろう。

「兄ちゃんこの業界ホンマに初めてなんやな。この仕事で食っていくならいろいろと覚えて資格も取っていかないと話にならんで」

とバーナーで鉄筋を切っている図体がやたら大きい男が言った。この人、顔も体格もしゃべり方も元力士の高見盛とうりふたつ。高見さんはS建設とは別のドカタ軍団、T組の一員。鈍くさい上にあまりにも視野が狭い。しかし文句も言わずただただ全力で仕事をするタイプなので、周りからはおだてられている。肉体労働の仕事なら、どこにでも高見さんのような人間が一人はいるだろうといった感じだ。

「はい。知識も経験も自分には何もないですが、できることからやっていこうと思いますのでご迷惑おかけしますが色々教えてください！」

ヤクザや前科者扱いをされ、なぜか罪の意識が芽生えつつあった私。自分はどうしようもない人間なのだから力を抜くことなんて許されない。そう思うと頭を下げてお願いすることに何の抵抗も抱かなくなった。相手も同じように一生飯場暮らしのお先真っ暗人間ではあるが、土下座だってできてしまいそうだ。

ユンボの先に付いているアタッチメントには穴を掘るショベル型と鉄を砕くドリル型の二種類がある。このアタッチメントの交換も私の仕事だった。接合部をピタリと合わせてピンを差し込むのだが、いくらユンボを運転している遠藤さんに指示を出し、穴を合わせようとしても一向にピンが入らない。なんとか入ったところで、ネジ止めの手順もなかなか覚えられず恐ろしいくらいに時間がかかる。

「こういう仕事苦手なタイプか。なんとなくそういう気もしたけど。あとお前、重機に背中向けるな。そのうち死ぬからな」

怒鳴られはしないものの地味に心に刺さる。アタッチメントの交換ができなければ私など穴を掘って水を撒くことしかできない。休憩時間に高見さんがコーヒーをおごってくれた。

「アタッチメントの交換は慣れるまでは難しいからな。今でこそ十秒もあればできるけど俺だって初めからできたわけじゃないぞ。もうこの仕事始めて十年近く経っているからな。まあ俺は職人ってわけよ。資格だっていっぱい持っているぞ、ユンボはまだ運転できないがあれだって、あれだって……」

高見さんはなんというか高校生みたいなメンタルをしている。「西成で何かあったら俺に相談しろ。あの一帯ならヤクザに顔が利く」「俺が本気で怒ったらこの現場の人間たちはみんな逃げだすだろうな」といったことを周りには聞こえないようにこっそり私にだけ言ってくる。今後取った方がいい資格、すなわち高見さんがかなり苦労して取ったのであろう資格をいくつか教えてもらったが、一つも覚えていない。ドカタで食っていく気などないということが大きいだろうが、高見さんの話は「すごいですね」と右から左に受け流さないことには永遠に広がっていきそうなのだ。

お前はここにいる人間じゃない

私は子どもの頃、勉強も運動もできる方だった。中学生の時、所属していた野球部ではピッチャーもやっていたし、勉強をしなくてもテストはクラスで一位だった。高校は進学校に入り、ストレートで国立大学に合格した。将来は自分にしかできない仕事に就いて、周りから尊敬されるような人間になるものだと根拠のない自信を抱いていた。

しかし大学に入り、自分はそんな人間ではないことに気付いた。やりたいことが見つからず三年間も大学を休んだ。その間、水商売のアルバイトで性格はすさみ、一年間の貧乏旅行先では、「もうこのまま死んだ方が身のためだ」なんて考えていた。キラキラした世界一周旅行などとはまるで違う。物価が安いという理由だけで東南アジアに沈み、一泊五百円ほどの安宿で天井のシミを見つめていただけだ。そして結局就職もできず、西成のタコ部屋でバカ扱いされている。終わっている。またユンボのアタッチメントの交換に手こずり、遠藤さんが運転席から飛び降りてきた。

「お前何をやってるんや。さっき説明したばかりやないか。何回言えば分かるねん」

「すいません、順序を忘れてしまいました。もう一度教えてください」

私はそうやって頭を下げるしかなかった。

「兄ちゃんいま大学生かなんかか？　というかお前学校出てるんか？」

私は言葉に詰まった。正直に言ったところで信じてもらえるとは到底思えない。しかし中卒ですとウソをつく勇気はなかった。

「先月、大学を卒業したばかりです」

「どこや？」

「筑波大学です」

自分でも何を言っているのだろうと思った。過激な共産主義に傾倒でもしていない限り、筑波大学を出た奴が西成の飯場に入ってくるはずがない。

「筑波大学？　兄ちゃんなんでこんなところにおるねん？　そんな学校出てるならいくらでも働くところあるやろ。もったいないわ。俺なんてこのポジションに来るだけで十年以上かかってるんやで。でも兄ちゃんはここにいる人間たちを使うような人や。こんな仕事するような人間じゃないやろ。いつまでこんなところにいるつもりや？」

「十日間です」

「なんや十日契約で辞めるんか。早く帰ってまともな会社に就職せえ」

十日で辞める人間に何を教えても無駄である。アタッチメントの交換は基本的に高見さんがやることになった。

解体現場では人が死ぬ

ユンボで地面を掘り返すとおびただしい数の鉄筋がぐちゃぐちゃになって飛び出してくる。結局こんなにぐちゃぐちゃにするのなら、こんな粗大ゴミ初めから作らなければいいのではないか。スクラップ&ビルドばかり繰り返して、無駄なことばかりしてバカなんじゃないか。そんなことを考えながら粉塵に水を撒いていると、三階から「ガガガガガ」と耳をふさぎたくなるほどの轟音が聞こえてきた。

そんなむやみやたらに壊して大丈夫なのだろうか。まだ壊しちゃいけない場所まで壊して一気に倒壊しないだろうか。解体現場の作業員が下敷きになって死亡する事故をよく目にする。今までは他人事だったが、もうそういう訳にはいかない。

ついに振動で三階部分の窓が割れたのか「バリバリ」と音がした。思わず上を向くと無数のガラス片が降ってきている。とっさに下を向くとヘルメットの上で無数のガラス片が跳ねた。中には十五センチ角ほどの鋭利なものもあり、ヘルメットがなければ今頃私は脳みそを垂れ流しているだろう。肩や腕に当たっていても切り傷では済まない。高見さんはバーナーで鉄筋を切るのに夢中で気付いていない。その体勢だと背中にガラス片が思い切り刺さってしまう。

「高見さん！　ガラス！　ガラスが上から降ってきています！」

と私は叫んだ。

「気い付けえや」

高見さんはそういうと再び鉄筋を切り始めた。背中に刺さったらどうするの？　ヘルメットをしているとはいえ、首筋の頸動脈を切られたら本当に死んでしまう。私はホースを投げ出し安全な場所へ逃げ出した。

「高見さん、さっきガラスがヘルメットにバンバン当たりましたよ」

「ガラスが落ちてくるなんて日常だぞ。そのためにヘルメット被っとるんやろ。解体の現場はこの業界でも一番ケガが多いんや。ある程度は覚悟持ってやらんと仕事にならんで？」

運が悪ければ死んでもおかしくないということか。たしかにガラス片を気にしていたのは現場で私だけ。三階で重機を動かしている人間も、窓が割れたことにすら気付いていないだろう。

「違う現場で安全帯つけんと作業していた奴がいてな、そいつは目の前で穴に落ちて死によってん。とんだ迷惑や。兄ちゃんも気を付けや。重機に背中向けるのは殺してくれって言っているようなもんやで」

夕方を過ぎると一気に空が暗くなってきた。ポツポツと雨が降っている上にジェット噴射の水が身体に跳ね返る。季節は一応春ではあるが、手がちぎれるほどかじかんで、じっとしていられない。定時の十七時まではまだ二時間近くある。せめて雨ぐらい止んでくれないものかと空を見上げると、遠くのビルの看板に「尼崎」という文字が見えた。そういえば自分がどこの現場に行くのか知らされていなかった。

十七時になると道具の片付けも途中のまま、定時ちょうどに帰らされた。

「残業代を死んでも出すなと上から言われてるんやろ。ほら帰るぞ」

自分たちみたいなドカタ連中に残業代が出ることに驚いた。バンに乗り込み、タイヤの上で揺られながら飯場に向かう。現場が尼崎だとすると、あの野球ドームは大阪ドームだろうか。数日前、テレビでオリックスの山岡がオープン戦で好投しているというニュースを見た気がする。

飯場に戻るとS建設の社員に現金二千円を手渡された。給料は毎日手渡しと聞いていたので、これでは一日働いて寮費と合わせて五千円。日給は一万円とたしかに求人には書いていたはずだ。出た、これが最下層労働者の宿命かと肩を落としていると、

「これは前借りや。残りの分は寮を出るときにまとめて渡すから安心しろ」

と社員は笑っていた。周りを見ると後ろに並んでいる他の人たちは現金四千円を受け取っていた。初日に前借りできる金額は二千円で、明日からは四千円らしい。千円札四枚を手にしたおじさんたちはウキウキした表情で夕方の街へと駆け出していった。

「ああやってな、みんな一日で四千円使っちまうんだ。だから十日働いても手元に残るのは三万円。あいつら一生飯場暮らしだぞ」

宮崎さんは「まったく呆れちまうぜ」といった様子で四千円をポケットに突っ込んでいる男たちを指差す。そういう宮崎さんも二千円分の酒と、タバコ二箱とポテトチップスが入ったビニール袋を右手に提げている。私は最終日に一気にもらった方が嬉しい気がしたので、前借りはしなかった。

「え、兄ちゃん前借りしないの？　しっかりしてるんだな。明日は日曜で現場が休みだから梅田の競艇買いに行くけど、お前も行くか？」

タコ部屋のドカタとギャンブル。なんともロマンのある響きではないか。さっさと風呂入って飯食って布団に入ろう。現場はしんどいが、飯場は風呂もあるし飯も美味い。そして何もしないでダラダラしていてもいいという空気がそうさせてくれる。他の労働者たちも風呂に入ってメシを食って、ビールを飲んで部屋で横になりながらテレビを見ているだけだ。仕事のことなど一ミリも考えずにただただ伸びている。動物としての人間が本来あるべき姿ってこんな感じじゃないだろうか。そんなことを考えていたらあっという間に眠りについてしまった。

飯場の入り口。我先にと前借りの 4,000 円を受け取りに行く土工たち

【休日】飯場の日曜日

早朝七時、部屋のドアをドンド

ンと叩かれ起きる。基本的に建設系の肉体労働は、雨の日と日曜は休みである。例外的に日曜も動いている現場もあるようだが、新人の私は問答無用で休まされた。もちろん、寮費の三千円はしっかりと抜かれてしまう。

ドアを開けるとダボダボのワークパンツに黒の革ジャンを着た宮崎さんが「競艇に行くぞ」と張り切っていた。

休みの日くらいゆっくりすればいいものを、宮崎さんは南海電車の高架下で行われている朝の闇市にも行ったそうだ。今履いているワークパンツは、「たまにはオシャレしようと思ってな」と今朝購入したものだ。一時は警察の摘発によりこの露店は姿を消したというが、いまでも睡眠薬や海賊版のＤＶＤが路上に並ぶのは日常の光景である。さすがにかつてのように覚せい剤がたたき売りされるようなことはもうないらしいが……。

宮崎さんと動物園前駅から地下鉄御堂筋線に乗り、梅田駅へ向かう。車内にはチラホラと空席があるにもかかわらず、宮崎さんは優先席にドカ座り。しかも足を広げて二人分のスペースを占領している。私も仕方なく隣に座り、男二人で優先席三シートを埋めてしまった。察するに偉そうにしているとかイキッているとかそういうことではない。ただ無頓着なだけで本人はここが優先席ということすら気付いていないようだ。しかし周りからは明らかに異物を見るような視線を感じる。たしかに私たちは住んでいる世界がみなさんとは違うのだ。

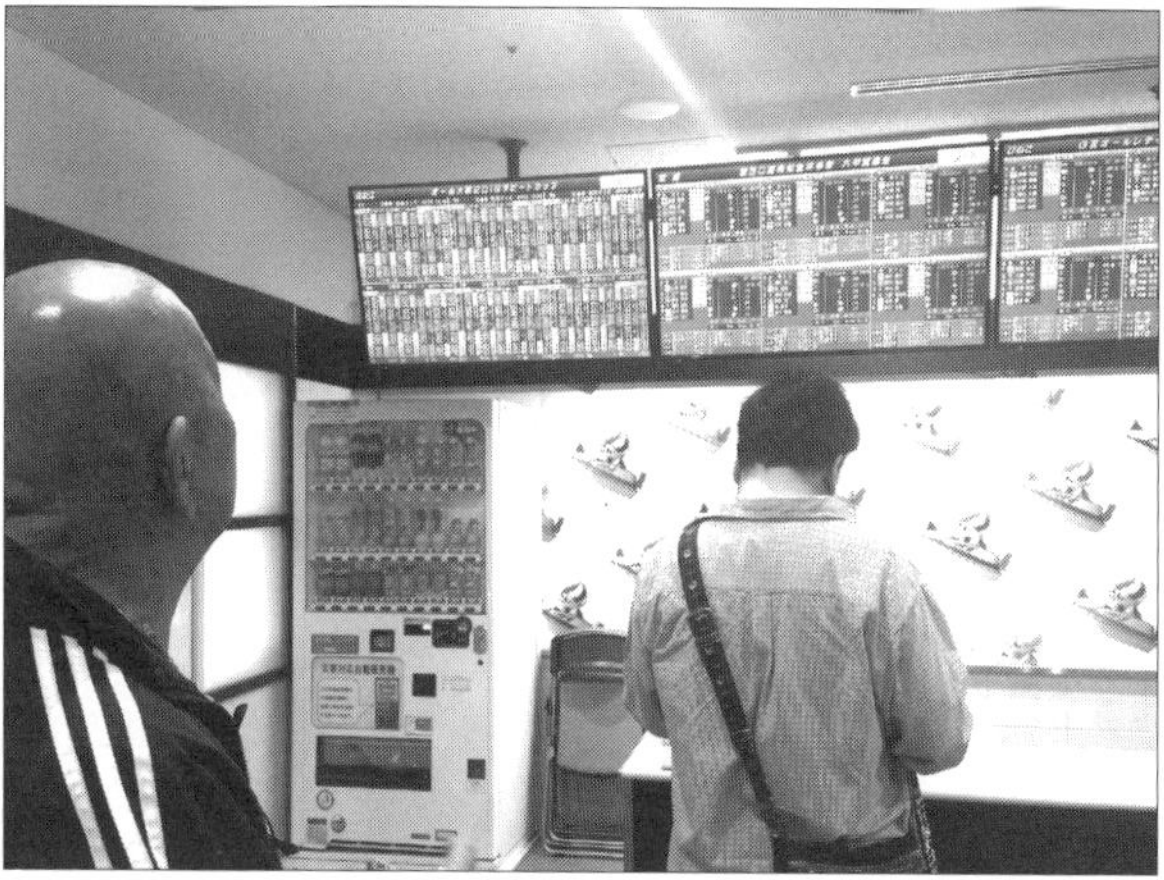

宮崎さんが買ったボートの券は、ことごとくすべてハズレていた。左の光っている方が宮崎さん

なんば駅で一気に乗客が増えた。席はすべて埋まり、前にはＯＬがつり革を持って立った。少しずれればその女性も座れるのだが、宮崎さんは女性が手に提げているシャネルのバッグをまるで鑑定士のような目つきでジロジロと見ている。とはいえ風貌は腕を組んだスキンヘッドのガテン系であるわけだが。いいバッグだ、これは何年製だといったプロの目が宮崎さんにあるわけもなく、あくまで「売ったら高いだろうな」という、もの欲しそうな表情で見つめているだけだ。宮崎さんに悪気はないのだが、梅田駅に着くまでに私たちは晴れて「できれば関わりたくない二人組」となってしまった。

駅から歩くこと十分。梅田のボートピアに着いた。ここは競艇場ではなくチケット売り場。会場に入ると宮崎さんはマークシートを三十枚ほど鷲掴みにして通路となっている階段に座り込んだ。

「おれはな、いつか当たるようにいつも同じ番号しか買わないんだ」

とレーサーの名前には一瞥もくれずに次々と番号を記入していく。これでは宝くじを買うのと同じである。少しくらい予想した方がいいんじゃないか、それこそがギャンブルの面白さなのではと素人ながらに思ったが、すでにルーティンと化しているようであっという間に記入し終わってしまった。

マークシートを見せてもらうと、きちんとマークを塗りつぶしておらず、センター試験の悪い例として記されているような縦に一本線だけ引いたものだった。そして宮崎さんは余ったマークシートを階段にバラまいている。

「こんなのその辺に置いとけばいいんや。関係ないやろ」

宮崎さんはズンズンとマークシートの自動読み取り機へと向かっていった。なんだか小学生のときにちょっと悪い中学の先輩とつるんでいるような気持ちである。近くのやよい軒に入り、朝メシを食べる。宮崎さんは無料で食べられるというやよい軒の漬物を「信じられないくらいの量」取り、白飯にぶっかけて食らいついていた。

この宮崎さん、歩くその様はまさにフーテンであるわけだが、これまでの人生もフーテンそのもの。S建設に入ったのは四月頭と私とほぼ同時期であるが、西成には今までにも何度か住んだことがあるという。

「西成の前は七ヶ月、沖縄のどっかの島にいたんだ〜。沖縄はいいところだ、また行きたい」と遠い目で話す宮崎さん。沖縄の仕事はといえば毎日砂浜の砂を袋に詰めて運んでいただけである。しかし、とにかくのんびりした島の雰囲気が合っていたのだろう、ことあるごとに「沖縄はいいぞ」と繰り返した。

「そんなに沖縄の空気が好きなら、大阪は過ごしづらいでしょう」

「そんなことはない。西成のホルモンは美味いし、梅田に行けば大東洋がある。俺はあのサウナの常連客やからな。サウナは十五分一セットで六セット繰り返すんや」

金があるとき（といっても三万円程度だが）は、所持金が尽きるまで競馬、競艇、パチンコ三昧。三食すべてやよい軒で漬物を食い荒らし、大好きな梅田のサウナ大東洋で寝泊まりをするという生活を送っている。そして金がなくなったらまたどこかの飯場で十日働いて……というサイクルを延々と繰り返しているのだ。本当、フーテンの生き字引のような人間である。

【二日目】宮崎さんの過去

今日も同じ尼崎の現場である。メンバーはある程度、現場ごとに固定されるようだ。なぜ私が尼崎の現場に配属されたのかは分からないが、なにか問題でも起こさない限りはずっと尼崎らしい。そして仕事内容も変わらず、高見さんがバーナーで鉄筋を切る横で、手で穴を掘り続けるのみ。

S建設に支給された皮手袋はすでに破れ、水分を含んだ砂で一日中指先がかじかんで痛かった。ユンボのアタッチメントの交換は相変わらず手順が覚えられない。とくにネジを回す方向が分からない。ユンボにはあらゆる方向にネジ穴が開いており、方向が変わると回す向きが頭の中でこんがらがってしまう。

「兄ちゃんはネジ止めたことないんか」

と遠藤さんはあきれている。高見さんを見る限りでは、この人はADHDなど、なんらかの問題があるように思えた。こればかりはどうしようもないことで周りもある程度分かっているようだったが、問題は自分である。もしかすると気付いていなかっただけで私も何か問題があるのではないか。すでに遠藤さんは自分をそういう人間として捉えているのではないかと不安になった。ますます自分に自信がなくなっていくのが分かった。「お兄さんは器用かな～？」と仕事が暇でフラフラしている宮崎さんが歌いながらネジを止めてくれた。宮崎さんは明日で十日契約が終わりである。サウナ大東洋がよっぽど楽しみなのだろう、踊りながら自分の持ち場へと戻っていった。

初日こそ、帰りのバンは沈黙が続いていたものの、今日は宮崎さんが浮かれているので賑やかである。後ろのタイヤの席で振り返った今までのフーテン人生は簡単にまとめると次のようになる。

高校を卒業してから自衛隊に四年間入隊
←マグロ漁船に七年間乗る
←暴力団に入る
←刑務所に入る
←フクシマで作業員

西成←

ざっとこんな感じである。昔は覚せい剤にもハマったらしいが、刑務所に入ったのは傷害罪。道端でモメた相手を橋から突き落とし、全治三ヶ月の大ケガを負わせた。下手したら殺人罪でもおかしくなかったらしい。稼ぎが多かったのはマグロ漁船というが（一年で二千四百万円。どこまで本当か分からない）、宮崎さんのフーテンぶりが発揮されたのはフクシマの現場。もちろん原子力関係の作業員である。避難地域内にある家屋を解体する仕事で日給は一万二千円。家賃は月に三万円。たった二千円、日給が多いだけで放射能の中に飛び込んでいく宮崎さんおそるべしである。というのは建前上の話で、この期間（五ヶ月）における宮崎さんの手取りはそんなもんじゃなかった。ハイリスクハイリターンとはまさにこのことである。

「俺が解体していた地域は本当に放射能の数値が高いところで、もう家主も誰も帰ってこないんだよ。だから家の中にある家財道具モロモロすべて一緒にゴミにするしかないわけ。色んなものがあったぞ、洗濯機や冷蔵庫はどこの家にもあるし、高そうな壺とか絵画、日本刀とかもあったな。ネックレスとかの貴金属、フィギュアのコレクション、マージャン台……。とにかく宝の山だったな」

　解体作業そっちのけでお宝をすべてトラックの荷台に詰め込み、各地の質屋を巡業していたというフクシマの作業員一向。みんながみんな、目が〝¥マーク〟になっているのでお宝の取り合いという毎日だったそうだが、給料と合わせて宮崎さんの収入は五ヶ月で五百万を優に超えていた。たしかにどうせゴミになるなら拾う気持ちも分かるが、キングオブ不謹慎。血走った目の作業員たちがトラックに積んできた宝の山を、何食わぬ顔で買い取ってしまう質屋も質屋である。災害の際はこういった犯罪が後を絶たなかった記憶があるが、宮崎さんはそういった報道のど真ん中を走る人間だったというわけだ。

「俺の生涯年収はその辺のサラリーマンなんかより上だぞ。あーあ、あの金は一体どこにいっちゃったんだろうな」

　その答えは宮崎さん自身が身をもって分かっているはずだが、すべてギャンブルのせいである。「なくなるまで賭ける」というモットーでは当たり前の話。飯場に戻ると宮崎さんが「俺の部屋に来い」と言う。隣なので覗いてみるとお菓子の缶に入ったフィギュアやおもちゃを懐かしそうに並べていた。

「これも全部フクシマで拾ったやつなんだ。気に入ったやつは持ち歩いてる。お前も何か欲しいか？」

宮崎さんがフクシマの避難地域で集めたペットボトル飲料のオマケたち

宮崎さんは部屋の奥にあるアタッシュケースを引っ張り出し、「これは珍しいぞ。今まで大事に取っておいたが特別にお前にやる」とケースをパカッと開いた。中にはテレビクルーが使うようなデカいビデオカメラがある。ただデカいだけで機能はおそらくてのひらサイズのカメラと同じようなものだろう。

「お前さ、これで西成の映画撮れよ！　〝どうもここが西成です。あのおじさんはヤクザで、あのおじさんはシャブ中。では話しかけてみましょう〟って言いながらこのカメラを回すんだよ」

明日で宮崎さんがいなくなってしまうのが、かなり心細かった。

【三日目】有給休暇中の証券マン

昨日、風邪か何かで現場を休んだ岡田さんがS建設の社員と何やらもめている。

「あいつはもう仕事もらえんやろうな。現金だからS建設としては寮費も取れないし、ああやって休むような奴は優先順位としては下や。お前も日曜以外は休まない方がええ」

と同じ現場の坂本さんが教えてくれた。この坂本さん、かなり顔が広い。S建設の従業員は別の現場の人間であっても坂本さんには「おはようございます！」と挨拶をする。S建設にも重宝されており、現場でもクライアントと今の現場である尼崎の「尼崎オレンジモール」をどう壊していくかについて話し合っていた。そして何より、見た目が限りなく怪しい。朝から晩まで真っ黒なスモークのかかったメガネを欠かさず掛け、たまに覗く眼球がゾッとするくらいギョロリとしている。S建設の作業員たちも「坂本さんは何かあるよな……」と思ってはいても、誰も直接聞くことなんて到底できない、といった感じの人である。

バンに乗る前、宮崎さんに「あとで返すから」と缶コーヒーを買わされた。ついでにタバコも買いたいからと四十円もせがまれた。

「宮崎さん、そんなにお金ないんですか？」

「バカ、明日たくさん給料もらうんだよ……」

と宮崎さんはそれを言うなよ、といった感じで首を振った。前借りの四千円も毎日のようにその日のうちに使い果たしているのだろう。となると明日の給料日で懐に入るのはたったの三万円。案外またすぐに会えるかもしれない。

「尼崎オレンジモール」に向かうドカタ一行は坂本さん、宮崎さん、私の他に四人いる。はじめにチラリと登場したメガネの度がまったく合っていない班長の菊池さん。周りからかつての指名手配犯になぞらえて、「おい、小池！」と呼ばれている小池さん。朝から晩まで一言もしゃべらない六十代前半の福谷さん。逆にベラベラと周りに威張り散らすものの、飯場からも現場からも完全に干されている腰の曲がった御年六十七歳の東のおっさん。歯がほとんど抜けているが入れ歯を買うお金もなく、毎日弁当の唐揚げを歯茎で一生懸命すり潰している。もう一人は三十代後半の証券マン。私は証券マンのことがどうしても好きになれなかった。

この証券マン、立場が上である坂本さんやS建設の社員やクライアントには片っ端からヘコヘコして、自分の存在場所を確保することに必死である。逆に下の人間は眼中になしといった雰囲気で積極的には関わろうとはしない。とはいえ、私は坂本さんとはそれなりに仲が良いので、私に対しては顔色をうかがってくるのだ。

そしてこの証券マン。普段は東京の証券会社で正社員として働いており、いまは有給休暇中で〝経験として〟西成に来ているという、一体どんなつもりで言っているのかさっぱり分からないウソをつく。ちなみに有給休暇は四十日間も取ったというのだから、かなりホワイトな会社であることは間違いない。むしろホワイト過ぎて色のない透明になってしまっているといった感じか。

今日は高見さんと私の持ち場に坂本さんが加わった。もっとも高見さんのバーナーで鉄筋を切るスピードは素人目から見ても遅いし、私は穴を掘って水を撒くしかすることがない。坂本さんも同じく暇人となり、私にとっては本日から重要な情報源となった。

「東のおっさんおるやろ？　あいつ、もう十五年S建設にいるんやで。こんなところに十五年いて貯金ゼロやって」

十五年前の今日、私は何をしていたのだろう。歳でいうと十歳なので小学四年生である。ちょうど野球を始め、『巨人の星』の再放送を見ていた頃だ。当時のことを思い出してみる。あの焼きあがった七面鳥のような老人が、その頃からずっとS建設でトン袋を引きずっていたと考えると泣けてくる。

気分が重くなる他ないような話を坂本さんは惜しげもなく聞かせてくれる。もっともそれはあまりにも暇すぎて、なんでも驚いて聞いてくれる私をおもちゃのようにして遊んでいるだけであった。

強面で図体のデカい、クライアント業者の社員であるケンイチ君がユンボのアタッチメントを交換している時、坂本さんが「ほら、こういう時はお前が行くんだよ」と私の尻を押した。言われた通り、ケンイチ君の肩を叩き、仕事を代わろうとした。

「邪魔や言うとんねん。お前消えろや」

とケンイチ君にすごまれ、後ろを振り向いた時には坂本さんはすでに笑いながら立ち去っていたのだから、私はヘコまざるを得なかった。と同時に私は見ただけで心臓がキュッとするようなかなりの苦手意識をケンイチ君に抱いてしまったのである。

ドカタなんてモノ同然である

昼休憩の後、私は遠藤さんに命じられ六階へと移動した。高見さんと坂本さんから離れ、一人で別のドカタ軍団へと加わるプレッシャーといったらない。この世界は派閥でできている。属する派閥で運命が変わるといっても過言ではない。六階ではクライアント業者の人間が小型のユンボで床材をつまみ上げ、T組の土工二人がトン袋を広げて詰め込む作業をしていた。

「こっちゃ言うとんねん、こっちゃ！　もっと袋広げろや！」

とユンボに乗った男が怒鳴り散らしている。男は六十歳くらいで眉間にまるで木彫りのような深いシワが浮き出ている。ケンイチ君の場合、冷酷無比といった感じで躊躇なく人を殺してしまいそうな雰囲気があるが、この男は怒ったら何をするか分からないタイプ。というかもうすでに怒り狂っているので、ユンボを手にしたこの男が何をするか分かったものではない。

土工の一人がユンボではつまめない細かい廃材を手で袋に詰める作業に移るため、トン袋を広げる係として私が呼ばれたというわけだ。

白髪まみれの老人と一緒に目いっぱい袋を広げる。しっかりと広げないと怒鳴られるので、「これ以上はもう広がりません！」といった顔でユンボにアピールをする。ユンボの先が顔の目の前でガチャガチャと廃材を袋の中へ落としていく。顔との距離は五十センチほどだろうか。つまんだ廃材の中には塩ビ棒や鉄も交じって飛び出している。しかし男は「お前らで勝手に避けろよ」といったスタンスでユンボを運転しているので、よそ見をしていると本当に顔に刺さる。もちろんゴーグルなどしていないので目に刺されば失明である。

「邪魔や。お前もっと後ろ下がれや！」

とユンボをシッシと動かしながら怒鳴られた。後ろには無数の鉄屑が無造作に重なっており、むやみに下がると脚を切ってしまいそうだ。私はいま、尊い一人の命などではなく、いくらでも替えの利く〝モノ〟になっている。こんなところに五年も十年もいたら、死ぬ確率の方が高いんじゃないか。そんなことを思いながら、長い長い四時間を、トン袋をひたすら広げながらやり過ごした。

【四日目】ケンイチ君の手元になってしまう

今日はユンボの運転手が遠藤さんの部下である英丸君だった。英丸君は寡黙で、全身に刺青が入っているらしく首筋からは横文字が覗いている。見るからに遠藤さんよりもプレッシャーが強く、私はひどく落胆した。しかし坂本さんの「英丸君、見た目はアレやけど優しいで」という言葉通り、英丸君は私のことを「萌」と親しみを込めて呼んできた。

私は高見さんに「お前、新世界の近くのオタロード行ったことある?」と聞かれ、「ある」と答えた。それを高見さんが吹聴した結果、「メイド好きのオタク」にいつの間にか変換され、英丸君が「萌」と呼んだことで、私のあだ名はこの日より「萌」となったのである。

今も英丸君の「萌、そのパイプあっちに運んでおいてくれ」という指示に対し、私は胸にハートマークを作り、「キュン」と返事をしている。大阪人のしつこさというのは藪の中にいる蚊みたいなもので、普通に「ハイ」と返事をするといかなるときでも「違うやろ」と突っ掛かってくる。その光景を見た遠藤さんは「なんやそれ」と若干引いていたものの、英丸君も坂本さんも知らないといった様子だ。しつこい上に人使いが非常に雑なのである。とはいえ、遠藤さんもすでに私のことを「萌」と呼んでいたのであった。

「萌！　場所移動や！　ちょっとこっち来い」

遠くで遠藤さんが私のことを呼んでいる。「キュンキュン」いうのも面倒になってきたが、坂本さんも高見さんも英丸君も私を人間として扱ってくれる。聞こえないふりでもしようかと思ったが、観念して遠藤さんの元へ走っていった。現場を歩く遠藤さんの後ろをついていく。右に曲がるとあのケンイチ君が運転する〝大型〟ユンボ。左には二階、三階へと続く階段がある。私は「左に曲がれ、左に曲がれ」と心の底から念じたが、結果は右だった。私はケンイチ君の運転するユンボの手元になってしまった。

各階でトン袋に詰められた廃材は、六階から一階まで空いた穴から一階へと落とされる。昨日六階で床材を詰めていたトン袋も一階へ落としていた。ケンイチ君はその落ちてきたトン袋の中身をコンテナに次々と放り込んでいく。

私の仕事は落ちてくるトン袋によって舞う粉塵（六階から重さ数百キロの袋が落ちてくるのだからかなりの衝撃）をジェット噴射の水で撃ち落とし、トン袋のヒモをほどいてはユンボの先にあるフックに引っかけることだ。ケンイチ君はコンテナの中で上手いことトン袋をひっくり返し、中身を流し込んでいくのだ。嫌な思い出というものは自然に頭から消されていく。今日を含め残りの七日間は、この一階のスクラップ現場にいることになるのだが、ケンイチ君からのプレッシャーが強すぎて、私はこの時のことをあまり覚えていない。

とにかくせかされて怒鳴られた。轟音響き渡るスクラップ現場、声が通るはずもないのでケンイチ君はユンボの先をちょんちょんと動かして指示を出す。何が言いたいのか分からないので、廃材をかき分けユンボの元に行くと、「そこをどけ言うてんねん、こっち来んなやアホ」と言われる。なるほどそういうことかと、ユンボでちょんちょんやられた時は走ってその場を離れると、「どこ行くねんボケ、指示出すからこっち来いや！」とユンボの窓から顔を出して怒鳴るのだ。私と一緒にケンイチ君の手元をしているT組の福田のおっさんはすでに感情を失った様子で蟻のように動き回っている。私はロボットにでもなったような気分だった。

作業がひと段落ついたのでケンイチ君から離れ、台車で木材をコンテナに運ぶ。ふいに一人になった。周りは騒音だらけで口には粉塵防護マスクをしているので、憂さ晴らしに歌でも歌ってみる。大学時代の恩師が卒業生に向けて歌ってくれた、福山雅治の『明日の☆SHOW』を歌った。「憧れ描いた夢は　ちょっと違うけれど」という歌詞があり、それでも頑張れよと恩師は言いたかったのだろう。憧れ描いた夢とあまりにも違いすぎて、私は粉塵防護マスクの中で嗚咽を漏らしてしまった。

そろそろメンタルの方がやられてきたみたいだ。午後に屋上の現場へ行った際、配電室の窓から長いロープが垂れ下がっているのを見つけた。屋上は騒音もなく日当たりも良く、下の現場の暗さを忘れてしまうような雰囲気がある。急にそんな空気になるので、「あ、もう僕は無理しなくてもいいんだ」といった気持ちに駆られる。周りを見ると誰もいない。鳥の鳴き声だけが聞こえている。ひどく不安になり急いで下の階へと戻った。あと六日、明日を乗り越えてもまだ折り返し地点。もう気が遠くなってきた。

さようなら宮崎さん

帰りのバンの中で宮崎さんが携帯に保存してある孫の動画を見せてくれた。独り身とばかり思っていたが、三人の娘がおり、嫁とも離婚はしていないらしい。孫はすでに三歳というが、動画の中の孫は生後何ヶ月というくらい小さい。まだ一度も会ったことがないようで、生まれたばかりの頃の動画を繰り返し見ているのだ。

「宮崎の家は女ばっかりでピーチクパーチクうるさいんだ。娘も嫁も金くれ金くればっかり。もう三年は帰ってないけど孫にだけは会いたいな〜」

「今日の給料で一度宮崎に帰ったらいいじゃないですか」

「まあな。でもその前にやらなきゃいけないことがあるんだ」

宮崎さんのやらなければならないこととは、もちろんギャンブルである。頭の中には孫の顔ではなく、博打で何十倍にもなった現金が浮かんでいるのだ。

「こんな生活、今日で終わりだ。この前のレースなんてな、百円買えば五万二千円になったんだぞ。一万円買えば五百万。競艇って結構当たるんだよ」

そんなことを言いながら宮崎さんは長渕剛の歌に合わせ、エアギターを弾いている。飯場に着き、残りの給料三万円を受け取るとすぐさま酎ハイを三本買い、お釣りで今朝おごったコーヒー代を返してくれた。四十円は忘れているようだったが、そんなことを言う気にもならなかった。

「じゃあな兄ちゃん。俺の実力見せたるわ、俺は梅田で有名なギャンブラーになって人生変えてくる」

隣の部屋では宮崎さんがせっせと荷物をまとめている。「この長靴とかもう全部いらんわ。適当に売って金にでもしろ」と現場で使う装備をすべて私の部屋に置き、宮崎さんはいなくなった。

【五日目】ガードマンの憂鬱

私は本日より一階の「タイヤ洗い」になった。宮崎さんが昨日までしていた仕事である。高見さんもようやく鉄筋をすべて切り終えたようで、坂本さんも英丸君も別の階へと移動してしまった。

現場には様々な業者のトラックが出入りしている。廃材の貯まったコンテナを運び出す産廃業者、足場を運んでいる鳶などなど、素人の私には分からないが他にも色々あるようだ。現場内を走り回ったトラックがそのまま道路に出てしまうと、タイヤについた泥がまき散らされクレームが来てしまう。そこで私がもはやお馴染みのジェット噴射の水で、現場から出ていくトラックのタイヤを洗うのだ。

トラックがいないときは、スクラップ現場でケンイチ君の手元をすることになるのだが、このタイヤ洗いがあまりにも暇すぎる。宮崎さんは今までこんな楽な仕事をしていたのか。今頃サウナ大東洋で伸びている姿を思うと笑ってしまった。

現場の出入り口は二つあり、そこにはガードマンが常駐している。思うにガードマンはタイヤ洗いよりも暇である。じっと立っていること自体が仕事であり、気が狂うくらいに時間が経つのが遅い。ガードマンの一人であるそばかす君がボヤく。

「ガードマンなんてただ立っているだけでいいんですわ。ただ棒振っているだけでいいんですわ。言ってみれば誰でもできる仕事。ホントくだらない仕事っすわ」

「それなら土工だって同じようなもんですよ。タイヤ洗いもほとんど立っているだけですし」

そばかす君は見た目こそチャラチャラしているが、すでに三十四歳である。長年キャバクラのボーイとして働いていたが、店と大モメして退職。三年前からガードマンのバイトで食いつないでいる。

十年近く不規則な生活を強いられていたためか、顔はボツボツでいかにも不健康そうである。肩の下まで伸びたロン毛からも不摂生なイメージがぬぐえない。バンドマンならファッションと言えるが、ヘルメットをかぶったロン毛のガードマンは言っちゃ悪いが見ているだけで暑苦しい。

「ボーイ時代は月に四十万はもらってたんですけどね。いまはその日暮らしと変わらんすわ。こんなことなら少しぐらい貯金しておけばよかった」

しかし考えてみればほとんどの仕事が、誰にでもできるような仕事である。自分が普段やっている原稿仕事だって、いくらでも替えが利くのではないかと思う。もちろん、「自分にしか書けない原稿を」と思い、誇りを持ってやっているつもりではあるが、そんなのただのうぬぼれに過ぎない。「文章を書くなんて頭が良さそう」と言われることもあるが、文章なんてこの世の中には星の数ほど溢れている。その中の一つを私が担当したところで、誰の目にも止まりやしない。

土工の場合、見るからに〝誰にでもできる仕事〟であり、否定のしようがない。腰を曲げながらトン袋を引きずり、ヒイヒイ言っている東のおっさんや福田のおっさんを見ていると、インドのカルカッタで裸足同然のサンダルで街を駆け回る車引きを思い出した。おっさんも車引きも、死ぬまでその仕事しか与えられることはないだろう。

東のおっさんが木材を積むために、高さ二メートルはあるだろうコンテナをよじ登っている。すると足を滑らせ転落し、そのままアスファルトに腰を打ちつけた。思わず駆け寄り東のおっさんを休ませようとする。

「いいんや、邪魔するな！　お前みたいな素人はあっち行け！」

たしかに私は残酷なことをしたと後で思った。この仕事を奪ってしまえば、東のおっさんの存在価値は本当に無くなってしまうのである。

休憩時間、坂本さんとコーヒーを飲んでいると、「萌、お前なんでこんなところにおるんや？」と改めて聞かれた。たしかに先日大学を卒業した若者が、意味もなくここにいるとはにわかに信じがたいだろう。

「じつは、私は普段ライターをしておりまして。西成の本を一冊書くことになり、ここに来ている人です」

言ってしまった。嘘をつき続けるのも色々と辻褄が合わなくなりしんどいということもあったが、紛れもなく自己顕示欲から出た発言であった。自分は人から評価されるような人間ではないという自覚はあるが、ここにいる人たちとは違うという思いも根底にあったようだ。とはいえそんな話、一体誰が信じるというのか。底辺土工が実は本を書いているなんてさすがに無理があるだろうなと思った。

【六日目】タイヤ洗いの憂鬱

今日もバンの中では痰の絡んだ乾いた咳が散漫している。タバコと酒で喉が焼けており、咳の音を聞いただけでも何かの病気なんじゃないかと思えてくる。小池さんが十分遅刻してやってきたが、それでもバンは動かない。坂本さんが「なんで行かへんの?」と聞くと、助手席の菊池さんは私の方を見て「若いの来とる?」と言った。度が合っていない眼鏡の奥で目が点になってしまっている。

出発が遅れたせいか、東のおっさんの運転がいつもより荒い。御年六十七歳の東のおっさんは、自分を客観視できないほどに周りが見えておらず、言ってみればボケ始めている。こいつに運転なんてさせて大丈夫なのだろうか。いやむしろこのまま事故って今日の仕事がなくなってしまえばいい。本気でそう思った。毎朝行われる朝礼にも辟易してきた。「おざ～す……」という深く低い挨拶が暗い空間に響き、聞いているだけで血圧が下がっていくのが分かる。

今日も朝から一日中タイヤ洗い。一日の間に行き来するトラックはせいぜい三十台くらいだろうか。ケンイチ君のところも今日はあまり仕事がないので、終始立っているだけの時間がひたすら続くが、問題は、一階は人通りが多いということだ。せっせと働いている人たちの視線が心臓に刺さり、それだけで精神的に疲れてしまう。他に行き場もなく飯場に入った二十代のボンクラ。でも知識も経験もないのでタイヤ洗いくらいしかやらせてもらえない。周りから見たらそんなところだろう。「こいつ生きている価値あるのか？」と自分でも思う。そしてそんな風にみんな私を見ている。遠くの方で高見さんがウロウロしている。私を見つけるとガニ股でこっちにやってきた。

「お前の会社の東の野郎！　何もできねえんだな。てめえボーっとしてるとぶちのめすぞ！　って言ってやったわ！」

鉄筋切りが終わった高見さんも特にすることはなく、東のおっさんと共にどこかのユンボの手元になったようだ。証券マンにしても高見さんにしても、自分よりも立場が下の者を探し出し、居場所を作るのに必死である。高見さんはこれで三十四歳。どういう環境で過ごせばこんな大人になるのだろうか。

私がタイヤ洗いになってからというもの、周りに話しかけられる回数がめっきり減った。みんなが見たいのは新人が四苦八苦してハアハア言っている姿。たまに坂本さんが「おいウォーターボーイ、水遊びしてんのか」とからかってくるくらいだ。

逆に証券マンがやけに絡んでくるようになった。もちろん嫌味を言いに来るだけであるが。タイヤを洗っていると外でストレッチをしている証券マンと目が合った。

「萌、言っておくけど今は休憩中だからね。俺の持ち場は君みたいに突っ立っている暇なんてないんだから」

証券マンは私とすれ違うたびに、「タイヤ洗う時間以外って君何しているの？」と嘲笑混じりの顔で尋ねてくる。自分が他人よりも役に立っているというのが嬉しくて仕方がないらしい。はじめから嫌な感じの顔だなと思っていたがその通りで、人の内面は外見に表れる。だとしたら私は見るからに仕事ができなさそうな奴、だろうか。明日も明後日もタイヤ洗いだと考えると憂鬱になってきた。

十七時になったので荷物を取りに休憩室に向かう。地下へ向かう階段は三十段。朝と昼飯と二回の休憩を入れて一日五往復するので一日三百段この階段を上ることになる。残りは四日なのであと千二百段。そんなことまで考えるようになっていた。証券マンにはあと何回嫌味を言われるのだろうか。

帰りのバンで証券マンが騒いでいる。

「坂本さん、僕今日現場監督に話しかけられたんですよ。君いつまでいられるの？　って。もうちょっとここにいればいいって言われたんですよ」

「おおそうか。それはお前を必要にしているってことなんやないか？　有給休暇が終わるまでいたらええ」

そういえば帰りに証券マンが現場監督のところへ走って行っては、「お疲れ様でした！明日も宜しくお願い致しますね！」とヘコヘコしているのを見た。

飯場に着くと、「萌はいつまでここにいるの？」と証券マンが聞いてきた。

「私はあと四日で終わりですね。延長されるんですか？」

「延長するさ。有給休暇は終わっちゃうけど監督にお願いされちゃったからには断れないよ。今日会社に有休延ばせるか掛け合ってみるさ」

泥だらけの証券マンの顔がとても生き生きしていた。

【七日目】飯場最強伝説

「おい、アイツ見てみろ。そこでブツブツ言いながら洗濯機回しているおっさんや。アイツが人二人殺して刑務所から出てきたっていうのは有名な話や。包丁で腹からズブッと刺し殺したんやて」

現場から飯場へ戻り、一階のランドリーで作業着を洗っている私に坂本さんがそう耳打ちしてきた。私の目の前にいるその元殺人鬼は焦点の合わない目で頭の中にいる誰かと話しながら洗濯機に洗剤を投げ込んでいる。元ヤクザ、薬物中毒者は飯場では基本的なステータスとなっているが、殺人はさすがに稀である。当然ながら私も、人殺しに直接会ったのは初めての経験。犯罪者の話はもれなく面白く興味深いものであり、いつか殺人者の話も聞いてみたいものだと思っていた。しかしいざ目の前にすると、相手に対する興味というのがまったくもって湧いてこない。人間というより、何か違う生き物を見ているような気がしてくる。関わりたくない。声を聞いただけでこっちの寿命が縮んでしまいそうである。

この死神みたいな奴は珍しいとしても、やはり飯場には他にも個性的な人間がギュッと集まっている。特にこの西成のど真ん中にあるS建設はこの界隈でも有名で、ビックリ人間の巣窟のような場所なのであった。

私と同じフロアに通称〝手洗いハゲ〟という、十分に一回洗面台に向かっては十分間手を洗い続けるというオヤジがいる。十分間手を洗い、十分間部屋で休憩してまた手を洗うという繰り返し。嘘みたいな話だが、現場が終わって飯場に着く十八時から二十一時くらいまでずっと手を洗っているのだ。そのため私のいるフロアは常に石けんの香りが漂い、場末の飯場とは思えない、ソープランドのような雰囲気がある。

風呂場に入るとまず風呂用のイスを石けんで泡だらけにする。その後は二十分ほど入念に身体を洗い（というよりも磨き上げ）、湯船に浸かり、湯から上がるとまた新しいイスを泡だらけにしてもう一度身体を磨き上げる。トイレの個室には自分の服を持ち込みたくないようで、用を足す時は常に全裸。仕事道具の手入れも怠らず、ヘルメットはいつも信じられないくらいにピカピカ。一説によるとヘルメットを買い替えるペースが速すぎて、まったくお金が貯まらないらしい。

そんな手洗いハゲは「なんでそんなに手洗うんですか？」という私の問いに、「気になるんや。疲れが取れなくて大変なんやで」と笑いながら答えてくれた。話してみると意外や意外にいい人で、仕事中は目をギラギラさせながら馬車馬のように動き続けるためS建設には重宝されているという話。

こんな潔癖症もいるもんだなあと感心していたのも束の間、坂本さんはこう教えてくれるのであった。

「アホ。アイツただのポン中やで。覚せい剤の幻覚で体中に虫が這っているだけや」

もちろん飯場には犯罪者だけでなくただただ変わっているという人間もいる（そいつも犯罪者かもしれないが）。例えば通称〝妖怪人間べム〟は歯と髪の毛が一本もなく、おまけに体毛も薄く全身がツルツルである。一生懸命喋ったところで何を言っているのかは当然周りには伝わらず、見るからにただの妖怪人間べムなのである。しかし面白いことに、歯が一本しかない東のおっさんや頭をハゲ散らかしている高見さんなどと比べると、両方とも一本もない妖怪人間べムは、この上なく清潔感に溢れているのであった。

同じハゲ括りでいくと、通称〝シアターマン〟というオヤジもいる。飯場の近くに「新世界国際劇場」という三階建てのポルノ映画館がある。この映画館、知る人ぞ知る妖怪人間の巣窟。劇場内は年配の親父たちが乳繰り合い、それよりはまだマシであるオカマちゃんたちも到底女には見えない低クオリティ。特に地下一階は異世界であり、先に挙げたような人々がその辺でヤリまくっているという地獄みたいなゲイのハッテン場だという。

そんな泣く子も黙る「新世界国際劇場」に毎週土曜日の夜になると、上下黒のスーツを身にまとい、しっかり薄ピンク色のネクタイまで締めて、繰り出すというのがシアターマンである。私も土曜の夜にエレベーター内でシアターマンと一緒になったことがあるが、朝のシアターマンとはまるで別人。泥の付いた安全靴などではなく、革靴もピカピカと光っており、「頑張れシアターマン！　行ってこい！」と思わずエールを送りたくなってしまうのであった。

「S建設も大粒揃いやけど、京都にあるF興業って会社もエゲつないらしい。その会社は京都の被差別部落にあって従業員の九割が中国人。会社の前のクレーンには犬がぶら下がっとるらしいぞ。とにかく労働環境がメチャクチャでバンバン死人が出とるらしいわ。ユンボの運転手がよそ見して手元やってる土工の首つまんでな、生首になってしもたんやって」

と坂本さんは言う。

「それシャレにならないですよ。その運転手、自殺したでしょう」

「行方不明になったたって話やけどな。英丸君おるやろ。ここだけの話、英丸君はそのF興業っちゅう会社を辞めていまの会社に来たんや。英丸君、いい奴やけど全身刺青やろ。あいつも昔何かあったたって俺は踏んどる」

そういう坂本さんも見るからに修羅場を潜り抜けてきたヤクザといった雰囲気であるが、英丸君の刺青はヤクザというより南米かどこかのギャングのよう。S建設もF興業もとにかく平凡な人間という者が見当たらないのである。

【休日】ギャンブラーにはなれなかった

早朝六時、今日は待ちに待った日曜日だというのに部屋のドアをドンドンと誰かが叩いている。S建設の社員に「日曜だけど現場に出ろ」と言われるかもしれないし、同じフロアの人間に「昨日の夜お前の部屋がうるさかったから金貸せ」とか言われるかもしれない。どちらにせよ出ていいことはなさそうなので無視をした。

それから一時間後、今度はコンコンとノックの音がした。トイレに行こうと思っていたので仕方なくドアを開けると、

「ただいま帰りましたぁ」

と扉の向こうに宮崎さんが立っていた。

「腹が減って仕方ない。頼むからなんか食い物くれ」

どうやら梅田で有名なギャンブラーになるという夢ははかなく散り、サウナ代も捻出できずに仕事のない日曜日から飯場に戻ってきてしまったようだ。下の食堂で朝飯食べられるだろとも思ったが、四日前に宮崎さんが置いていった開封済のキャラメルコーンがあったのでそれをあげた。喜んでいる宮崎さんを見て、未開封のココナッツサブレをあげればよかったなと思った。

昼過ぎまで寝て、フラフラしながら喫茶店でコーヒーを飲んでいると、あっという間に十七時になっていた。すでにあの長い長いタイヤ洗いが終わっている時間だ。おそろしく時間が経つのが早い。

十八時に飯場に戻り、宮崎さんを誘ってホルモン屋のマルフクへ行く。テレビ番組で紹介されたのをきっかけに人気になり、宮崎さんも前々から行ってみたかったらしい。観光客の姿が目立ち、大学生くらいのカップルや一人で来ている若い女性もいる。ホルモンはたしかに美味く、なにより料金が安い。もちろん私が全額払うわけではあるが、二人で二千円ちょっとだった。シマチョウを食べながら、「いつか娘を連れてきたい」と宮崎さんはボソリと呟いた。

「ギャンブルはやっぱり負けちゃったんですか？」

「二日間で一万円増えたんだけどな、三日目で全部溶かしちまった。まあいい休みになったってことよ。明日からまた十日働いて、また大東洋に行くからそんときはお前も来い。そんなことよりよ、みんな俺のこと何か言っていたか？」

正直いうと、坂本さんは「あのいなくなったハゲ、名前なんやったっけ？」としか言っていなかったし、他の人に関しては現場が同じだったにも関わらず、口にすらしない、いなくなったことにすら気付いていないといった様子だった。さすがに胸が痛むので、「どうせ帰ってくるだろってみんな言ってましたよ」と伝えると、「なんだそれだけかよ」と宮崎さんは寂しそうな表情を見せた。

「こんな場所で会った人間同士なんてそんなもんなんだよ。飯場では敵を作ったら終わりだからな。そもそも深く関わろうとする奴なんていないんだよな」

宮崎さんはここまでつるんでいるのはお前くらいだ、といった様子で私のことを見た。私も飯場でここまで深く人と関わるなんて思ってもいなかった。

「また金がなくなっちまったよ。昔はいっぱいあったのによお。お前は金どのくらいあるんだ？　まだ若いんだから他にやりたいこともあるだろ」

「僕だって金があったらこんなところ来ないですよ。やりたいことはそうですね、西成の本でも書いて売れっ子作家になりたいですね」

「お前、たしか筑波大学って言ってたよな。頭良いんだからなんでもできるさ」

この本が一体何部売れるのかは分からないが、「十万部売れたら一千万以上は懐に入る」と夢を持たせて宮崎さんにはそう伝えておいた。

【八日目】証券マンの嘘

「あと三日や～」とつい先日まで身も心もとろけていた宮崎さんを思い出す。今度は私の番である。「三日なんてすぐ！　うらやましいよ」と宮崎さんは背中を突いてくるが、この三日が、気が遠くなるほど長い。心底、調子に乗って三十日契約などにしなくて良かったと思った。

今日から尼崎オレンジモールの現場には四名の土工が追加された。一人は宮崎さん。あとは青山、川端、大口の三名。いずれも四十過ぎのどこにでもいそうなオヤジだが、青山さんだけはどこか落ち着きがなくしきりにキョロキョロと周りを見回している。宮崎さんがいなくなった際に追加されたエディ（ヒゲがエディ・マーフィーみたいだと坂本さんが名付けた）も加え、総勢十一名の軍団が結成された。今日からは二台のバンで現場に向かうことになり、私もついにタイヤ席からは卒業することとなった。

朝礼前、証券マンが何やら自慢げに宮崎さんと話している。また証券会社の話だろう。坂本さんも黒い眼鏡の下でチラチラと証券マンを見ている気がする。

「おお、シバちゃん、萌の先輩じゃないか！　おい、シバちゃん、お前と同じ学校だってよ」

シバというのは証券マンの名前である。

「萌、筑波出身なの？」

と聞く証券マンの顔が引きつっている。

「ええ」

「なんだ〜、俺の後輩か。もっと早く言ってくれれば色々話できたのにね」

証券マンが話に乗るなら私も乗ろうではないか。

「シバさん、学部はどこだったんですか？」

「俺？　俺はあれだよ、教育学部だよ」

筑波大学には人間学群教育学類という学科があるが、学部という呼び方はしない。

「うちの大学にそんな学科ないですよ。学部じゃなくて学群と呼びませんでしたか？」

「萌の時はそうだったんだね、俺の時はあったさ。どこ住んでた？」

口が裂けても嘘でしたとは言えない証券マン。休憩室には十一人の軍団が集まっているし、近くにはクライアント業者の社員たちも座っている。私は「一の矢です」と筑波大生しか知らないであろう学生寮の名前を言った。

「シバさんはどこに住んでいたんですか？」

「俺は土浦だよ」

大学からバスで三十分も離れていて電車も繋がっていない土浦に住むバカなんてうちの大学にはいない。坂本さんは黒くスモークのかかった眼鏡で表情こそ見えないものの、内心笑っているのが分かる。軍団がタバコを吸っている間にトイレにでも行っておこうと、先に朝礼へ向かう。すると後ろから追いかけてきた証券マンに首根っこを掴まれ、人気のいない階段裏に連れて行かれた。

「萌、さっきの話だけどさ、俺じつは筑波じゃなくて日大なんだよ。いや、あれなんだよ。S建設って日大出身がやけに多くてさ、飲みに誘われるのが面倒だから嘘ついてるんだよ。日大ってさ、同郷意識というかそういうの強くてさ。ねえ、話し合わせといてよ」

証券マンは泣きそうな顔をしている。私の首を掴んでいる腕にもガチガチに力が入り、震えが伝わってくる。証券マンは必死だ。証券会社から四十日余りの有給休暇を取り、西成の飯場で時間を潰しているなどというハッタリを一体誰が信じるというのだろうか。

嘘を重ね過ぎて自分でも何が何だか分からなくなってきている。嘘で固めた人生。自らの保身のための嘘には必ずほころびができる。一つ嘘をつけばそれを補うための嘘がどんどんと積み重なっていく。顔を出したほつれを少しでも引っ張れば、すべては一気に崩れ去る。

おそらく証券マンは別の飯場でも同じことを繰り返してきたのだろう。そしてS建設にも次第に居づらくなり、別の場所へ逃げ込んでまた同じ嘘をつく。東京にあるという自宅では愛する妻が帰りを待っているらしい。西成では一泊四千円の「ビジネスホテル中央」に妹と二人で住んでいるという。ここまでくるともはや虚言の域である。

しかしながら、そんな証券マンのことを真っ向から否定することもできないのであった。自分だって保身のための小さな嘘くらいついている。証券マンとまではいかないが、少しで

夕飯は本当に美味しい。現場には行きたくないが1食1,000円払うので食堂として利用したいレベル。食べ放題のバイキング形式

も良い風に見られようと必死に自分を見繕っている。誰だってそうだ。

飯場の風呂で今日から同じ現場になった青山さんと会った。青山さんはS建設に入ったのも今日らしく、「ここの飯は美味いな！」と上機嫌だった。たしかにS建設の飯はべらぼうに美味い。

唐揚げなんて月並みではあるが冗談抜きで今まで食べた唐揚げの中で一番美味い。宮崎さん、坂本さんに加え、また一緒に飯を食える人ができたようだ。

しかし坂本さんいわく、「青山はたぶん今もシャブやっとるから、あんまり深く関わらない方がええ」そうだ。シャブをやっているかどうかなんて、一日で分

かってしまうらしい。今日も現場でT組の魚屋のオヤジ（なぜかいつも紺色の前掛けをしながら現場仕事をしているので魚屋とか八百屋と呼ばれている）から金を借りようとして問題になったらしい。左腕に龍が描かれているだけで、根は優しそうなオヤジに見えるのだが、坂本さんがそう言うのなら間違いないだろうなと思った。

【九日目】青山さんの居場所探し

「俺そっちのバンに乗りますわ。あっち、中が狭いんですわ。いや後ろの席でええ、タイヤの上でええ。坂本さんと國やんがいる方に乗りますわ。ええでしょ？　問題ないやろ？」

昨日から私のことを〝國やん〟と呼ぶようになった青山さんの様子がおかしい。何がなんでもそっちのバンに、といった様子で乗り込んできた。

「おお、ええなこのタイヤ！　なあ國やん座りやすいよな。坂本さん今日も昨日と同じ仕事やろ？　あの現場ええですわ、俺ずっとここがええですわ」

朝六時のテンションではない。そわそわと落ち着きがなく、コンビニ袋をしきりにガサガサ鳴らしている。これがシャブ中ってやつ……？　そう考えていると坂本さんが「どうやこれがシャブ中や」といった顔で私のことをニヤニヤと見ている。

現場でも青山さんの〝居場所探し〟は続いた。

「國やんちょっとコンビニ行かへん？　なあ一緒に行こうや。肉まん食いたいんや。國やん明日で終わりやったけ？　前借りしてないっちゅうことは六万くらい入るってことやな。ちょっとトイレ行ってくるからそこで待っといてや」

新人の私なら気を遣わずに話し相手になれるということもあるだろうが、S建設でも力のある坂本さんに可愛がられている私と仲良くしておけば、自分の居場所が確保できる、といったところだろう。常に頭の中に不安がグルグルと巡り、それを払拭するために無理にでも喋り続けているという感じだ。

「青山アイツ大丈夫か？」

と坂本さんが川端さんと大口さんに聞いている。青山さんと二人は以前、別の飯場で一緒に働いていたことがあるらしい。

「青山はシャブで最近まで刑務所入っとったで。前科九犯やて、今でもやっとるんちゃうか」

そういう大口さんも現在進行形でどっぷりとシャブに浸かっている前科者だ。宮崎さんだって昔はやっていたというから、もはやシャブ未経験の人間を探す方が難しい。シャブを打ったことのない自分がなんだかとても幼いように思えてくる。

「川端はな、昔中央郵便局を襲撃して一億七千万を奪ったんやで。銀行じゃなく郵便局っちゅ

夕飯を食べる青山さん。そこまで寒くないのにいつもモコモコした格好をしていた

うところがプロやろ。ウヒヒ」というのは坂本さんのジョークだとしても、郵便局くらい襲っていてもなんら不思議ではない。飯場は市橋達也のように指名手配犯が潜伏するような場所なのだから、前科者なんかウジャウジャいるのだ。S建設にもよく警察が踏み込んでくることがあるらしい。そして時には逮捕状が出ている奴なんかも交じっており、そのままパクられてしまうらしい。

「青山がまた捕まるのも、もう時間の問題やろ。あそこまでいくとな、物事の優先順位が全部シャブになってしまうんや。もう頭の中シャブだらけやで。見てれば分かる」

と坂本さんが確信を持った顔で頷く。あんなただの白い粉に人生を翻弄されて刑務所に九回も入り、いまだに取り憑かれている青山さんがとてもみじめに思えてきた。自分も金を狙われているみたいだし、あまり関わらないようにしよう。

【最終日】先を見て歩くのみ

気が遠くなるほど長かった飯場がついに今日で終わる。正直いって嬉しさしかない。名残惜しいなんてひとつも思わない。こんなところで一生暮らすなんて考えると人間辞めたくなってくる。きっと三ヶ月くらいで自殺すると思う。

東のおっさんなどは一体なんのために生きているというのか？「もうボケてるんだからほっとけよ」と周りには相手にされず、ひたすら廃材をトン袋に詰める日々。もちろん貯金もなければ家族もいない。飯場に戻ると缶ビールを三本ほど買い、独りで美味そうに飲んでいるが、そんな生活の何が楽しいというのか……。そんなことを考えながらバンに乗っていたところであることに気が付く。

「なんのために生きるのか？」と私たちはよく考えるが、別に何かのために生きなきゃいけないなんて一体誰が決めた？　東のおっさんのように汗かいて疲れて飯食って酒飲んで寝る、ただ生きているという生活こそ本来の動物の姿である。

ただそんなことを言っても、やはり「社会の役に立たない人間には存在価値がない」という人間的な考えは根底にあり、自分はこんな生活こりごりだと思うしかないのだった。今日も心を無にしてタイヤを洗っているが、こんな仕事は誰でもできる。自分なんていてもいなくても変わらないし、タイヤを洗ってもらっている運転手も「このタイヤ洗いは何のために生きているのか」と思っていることだろう。

きっと同じようなことを証券マンも考えていることだろう。青山さんが来てからというもの証券マンの様子がおかしいのだ。今までは坂本さんに媚を売り、後を引っ付いて歩くのは証券マンであったが青山さんという新たな存在が入ってきた。今までついてきた嘘も坂本さんは当然として周りにもバレていることを自分でも分かっているだろう。

いつS建設を辞めようか、辞める口実は何にしようか。辞めたところでどうするのか……。色々なことが頭の中を支配しているのが後ろ姿だけでも伝わってくる。今日の夜、首でも吊るんじゃないだろうか。そして実際のところ、いっそ死んでしまった方が証券マンとしても楽なんじゃないかとまで思う。だってなんのために生きているのか、証券マン自身もきっと分かっていないだろうから。そうじゃなかったら、証券マンとして社会の役に立っている自分を演じたりはしないだろう。

「おい、お前の大学の先輩の様子がおかしいぞ」

と坂本さんがニヤニヤしている。

「あれ、嘘ですよ」

「そんなの分かっとるに決まっとるやろ。証券会社に勤めている奴が四十日も有給取れるわけがないやろ。あいつ今日あたり首吊るんちゃうか？」

「シバさん、これからどうすんですかね」

「GWが明けたら、会社に戻るとか言っとるで。でもあいつ携帯すら持ってないんやで。証券マンが携帯持っていないなんてことあるか？　S建設の人間でも大概携帯くらい持っとるで」

「あ、坂本さん、電話番号教えてくださいよ。俺まだ西成にいるんで」

「ああ……、いま携帯潰れとるんや」

黒くスモークのかかった眼鏡の奥で目が泳いでいるのが分かった。坂本さんは家の金を使い込み、「三百万貯めるまで帰ってくるな」と嫁に見放されていると自分では言っている。それまでは同じ仕事ではあるものの別の会社で働いていたという。ではなぜわざわざS建設にいる？　なぜ飯場で寝泊まりしている？　坂本さん、正直いうとアンタが一番怪しいよ。

現場では今日も小池さんが「おい、小池！」とからかわれている。坂本さんによると「アイツは婦女暴行で捕まった」らしい。魚屋のオヤジは相変わらず前掛けが脚に引っ掛かり歩きづらそうにしている。短管を渡しながら、「これイワシです、これタラコです」と冗談を言っている。「お前サバいたろか！」と坂本さんが怒鳴ると、「サバじゃなくてタチウオです」とヘラヘラしている。飯場に戻り、宮崎さんを風呂に誘うと「と、とりあえず酒飲まないと。ハハハ」と笑いながら手が震えていた。

自分も飯場に行く他にアテがないような状況に陥ったら、こうやって開き直って生きることができるのだろうか。でも今はとにかくこんなところに沈む人生にならないように、先を見て歩くのみである。

飛田新地

飯場最終日、私はS建設から受け取った金を握りしめ、遊郭である飛田新地へと向かった。ここ数日、女性と接する機会がなかった上に、飯場などで得た金を大事に手元に残しておく気にもなれない。私は女を買いに行った。

私は若い子よりも年上の女性が好きだ。一時間以上通りを物色し、四十過ぎの女性がいる店に入った。プレイはたったの三十分で終わり、私は女性に頭を撫でられながらピンク色に照らされた天井を見つめた。あれだけ私を興奮させた女性の髪の匂いが、ただの汗の匂いへと変わっている。

西成の人間模様は決して綺麗ではないけれど、とにかく緻密で複雑だ。隣の女性がここにいる理由も同じく複雑だろう。そう、この街にある人間模様は飯場の中だけではない。西成生活はすでに折り返し地点を過ぎているが、予定の一ヶ月が経った後も自分は当たり前のように西成にいるような気がした。

第三章　西成案内人

夜の西成を闊歩する坂本さん。どこか懐かしそうな口調で街を案内してくれた

坂本さんと西成を歩く

飯場を出てからというもの、毎週土曜日の十八時にS建設前でドカタたちを乗せたバンを待ち伏せすることが日課となった。

「僕がS建設に来る前もやっぱりビックリ人間みたいな奴っていっぱいいました?」

「誰から言うたらええんやろ、色んな奴おるからな」

動物園前駅の中華料理屋「雲隆」で天津飯をつつきながら坂本さんは話す。

四十手前の山田君は風呂に入るたびに鏡の前でニヤニヤ。エグザイルを意識しているらしく、見た目はアッシそのものだったらしい。だがどこでも構わず裸足で歩くな

夜の三角公園。遠くに見えるあべのハルカスに見下されているような気持ちになる

ど、奇行が目立ち、訳も分からず他のドカタに顔面をボコボコに張り倒される日々。ある日突然、「自分頭おかしいんで辞めます」と自ら宣言し、京都の精神病院に週一で通い始めたという。

つい最近辞めた（というよりパクられた）小山君は、ちょっとしたことで相手の顔面をグーで殴るという、かなり危ない奴。たとえ相手が東のおっさんのような老人でも、お構いなし。「くしゃみがうるさかった」「目が合った」くらいの理由でいままでに四人のドカタをボコボコに。ついには社長に呼び出され、殴った理由を話したところ、「それやったらしゃあない」で騒動は完結。小山君もおかしければそれを雇う人間も頭がイっている。

「あとこの前までオカマがおったんや。身体はムッキムキなんやけどいつも脚をクネクネさせながら歩いとってな、そいつが洗面台で乳首の毛をツルツルに剃っているのを見てもうたんや。そんでな、この三人、同じ時期に同じフロアにいたんやで。ホンマ動物園みたいな階で有名やったわ」

「まともな人間いないんですか」

「たまにおる。十年間、前借りもしないでコツコツと五百万貯めた奴がおったんや。S建設だけで五百万やで。そいつ突然辞めたと思ったら、三ヶ月後一文無しで帰ってきよった。全額競馬につっこんで溶かした言うとったで」

「全然まともじゃないじゃないですか」

「部屋でシャブ打ってる奴と比べたらまともや。そんな奴ぎょうさんおるんやで？」

S建設の飯場では深夜にもかかわらず個室の電気が点いていることが多い。明るいと南京虫が出ないからという理由で電気を点けたまま寝る者もいるらしいが、覚せい剤を使用している人間も多い。中には手洗いハゲのようにほぼ末期とも思える中毒者もいる。

「そんな人間をなんでS建設は雇うんですか？」

「そりゃあ、どんな人間でも入れてしまえば賃金のピンハネと寮費で金が入ってくるからやろ。給料も四千円くらいS建設に引かれとるんちゃう。それに寮費三千円を加えて七千円。

現金の奴ら抜いても今は百五十人くらいおるからボロ儲けやで」

「でもそんな奴を現場に送り込んだら、クライアントから契約切られるなんてことになりそうじゃないですか？」

「いや、それは大丈夫や。例えば尼崎オレンジモールのクライアントはヤクザやけどな、S建設もヤクザ。このヤクザ同士が長い付き合いでくっついてるから、切ろうと思っても切れへんねん。そんな感じでS建設は誰でもいいから雇いまくって、頭数稼いでんねん。だから身分証なんて確認せえへんし、訳アリの人間がどんどん集まってくる」

S建設がヤクザということはもう分かってはいたが、クライアント業者までそうだとは知らなかった。きっと現場に出入りしていた産廃業者なども上をたどるとヤクザなんだろう。

「お前が怒られとったケンイチ君おるやろ。あいつは社長の孫や。次期副社長、その次は社長や。遠藤さんもヘコヘコしとったやろ」

「ええっ、じゃあケンイチ君もヤクザみたいなもんじゃないですか」

「そうや、解体と産廃なんてみんなヤクザみたいなもんやで。お前この話知ってるか？　いや知ってるわけないわな。これS建設で知ってるの俺と社員くらいや……」

S建設の飯場は立派な外観を持つビルになっている。エレベーターの中を見ると最上階のボタンはあるものの、押しても反応しない。階段にはカギがかかっていて上に行くことができないのだ。そしてビルの最上階には綺麗に窓が一つもない。

「最上階に上がってカードキーで扉を開くとな、そこには床一面大理石の部屋が広がってんねん。小さい事務所が一つあるだけで、その大空間は違法賭博場になっとる。よく訳の分からん車が前に停まっていることがあるやろ。あれ全部博打目的やで」

「それ、僕聞いて良かったんですか」

「大丈夫や」

何が大丈夫なのかはまったく分からないが坂本さんがそう言うなら大丈夫だろうという気になってしまうから不思議だ。

警察もまだ気が付いていないようではあったが、気付いたとしても摘発はできないだろうと坂本さんは話す。S建設がなくなるということは、あいりん地区における大きな働き口がなくなるということ。そんなことが起きれば、浮浪者が一気に増え、暴動に発展しかねないということだ。


後日、改めて坂本さんを誘い、夜の西成を案内してもらうことになった。西成へ来た初日などおっかなくて夜出歩くなんてことは考えられなかったが、次第に慣れ、自転車まで購入し夜のパトロールと称して夜な夜なうろついていた私。さらに坂本さんという心強い味方が付いた。

「三角公園の近くの通りがとにかくややこしいねん。ヤクザの事務所がギュッと詰まっとる。夜になると黒塗りの車がよう停まっとるやろ。この辺一帯は違法賭博場だらけや」

たしかにこの通りには監視カメラがそこら中に設置されている。赤いランプがしっかりと点き、私たちを中から監視しているようだ。

「最近は見ないけどな、たまにマイクロバスがやってきて賭博場がある建物に横付けするねん」

三角公園の近くで警察官二人が「覚せい剤が、覚せい剤が」とブツブツ言っている老人に近づき話しかけた。

すると近くに停まっていたタクシーがススッと動き出した。後部座席に座っていたのは紛れもなくヤクザ。その老人とは関係ないのだろうが、賭博場の見張りか何かだろうか。

ここは思い切って「この辺で危ない場所はないか？」と警察に聞いてみることに。

「危ないところですか？　みんな夜は寝とるからね、何もないですよ」

「その通りに監視カメラいっぱいありますが、この辺は違法賭博場がいっぱいあるでしょう」

「知りませんねえ。ヤクザの事務所はたしかにいっぱいありますが」

意外と受け答えはしてくれるものの、とにかく今は何もないの一点張りである。

「何もないわけないやろ。俺の友達もよくこの辺の博打場行っとるで。俺は突っ込むクセあるからよう行かんけどな」

フラフラと自転車で署へ戻っていく警察官を見ながら坂本さんが言う。三角公園周辺にある袋小路に入ると、「居酒屋てっちゃん」というピカピカの看板がビルの裏口に掲げてある。だがどう見てもただの裏口で居酒屋の入り口は見当たらない。表に回ってもドヤの入り口があるだけだ。そしてその裏口のような扉には三つのカギ穴が取り付けられており、覗き穴まで三つある。まさかこれが居酒屋なんてわけもあるまい。しばらく待っていると、居酒屋てっちゃんの奥にある施設から一人の住人が出てきた。

「この居酒屋てっちゃん、まだやってるの？」

「ああ、この店は一年前に潰れてるで」

「一年前に潰れてこんな看板綺麗なの？」

「潰れたってこと以外、俺は知らん！」

「この辺一帯、違法賭博場だらけでしょう。このてっちゃんもそうでしょ？」

「賭博場なんて知らん。とにかくこの店は潰れたんや！」

嘘をつくならもう少し上手くついて欲しいと思ってしまいたくなるほどの動揺の仕方だ。

「本当のことを言っている人間の対応じゃないな」と坂本さんも笑っていた。ここまでヤクザ丸出しの通りも珍しい。裏社会の匂いプンプンの、まさに地獄の一丁目である。ただ昔に比べて治安が良くなったというのも紛れもない事実。坂本さんいわく十年前なら、「こんな袋小路で写真なんか撮ってたら、一発で引きずり込まれて殺されてる」そうだ。

「このあいりん地区で売春の話って聞いたことありますか？」

「ここは飛田新地があるからあまり聞かんけどな、一時はそこのアルボはホテトルの宿泊所になっとったで」

アルボというのは三角公園の近くにある、福祉中心のドヤである。生活保護を受けている人間が多く入居し、ヘルパーなどが出入りしている施設だ。もちろんホテトルといっても届け出をだしていないモグリの店。ここはヤクザのシノギとなっていたそうだ。あとは今も続いているかは定かではないものの、ホワイトテラスというマンションがオカマの売春宿となっているらしい。

先日もアルボ前は騒然としていた。警察官十人以上が集まり、アルボから出てきた人間たちと何やらもめている。その中には後に青山さんから教えてもらったシャブの売人も混じっており、猛抗議していたのを覚えている。

このようにややこしいドヤというのはいくつかある。S建設の近くにあるドヤなどは経営自体がヤクザという話だ。さらに小便ガードの角にある福祉専門ドヤ「ママリンゴ」などは今でこそ経営者が変わりクリーンになったというが、以前は一帯では有名なシャブホテルだった。シャブの売人とドヤのフロントが組んでおり、フロントにバックを渡す代わりに一室を密売所として提供しているのだ。

「ここは〇〇組で、あの建物は前まで〇〇組の事務所や」と次々と一般人では知りえない情報を披露する坂本さん。私としては大いにありがたいのだが、「S建設に来たのは二年前」という坂本さんがなぜここまで昔の西成に詳しいのか？　家の金を使い込んで飯場行き？　週末は実家に帰り子どもと会っている？　正直言って信じられない。坂本さん、やっぱりアンタが一番怪しいよ。

西成オカマ事情

土曜夜のS建設名物「シアターマン」にならって、私も新世界国際劇場へと足を運んだ。劇場はあいりん地区から歩いて十分ほどのところにあった。見るからにゲイのハッテン場かつゲテモノ揃いな臭いがビンビンに伝わってくる。これぞ場末中の場末といった感じの雰囲気である。すでにガバガバといった様子で開いている入り口前で入場券を買う。タバコと小便が混じったような匂いが漂っている。「ホントに行くのか!?」と思いつつ、ホントに入ってしまった。お尻の穴をキュッと絞めて、早速地下一階のいわゆる魔界に向かって階段を下っていく。

「ハッテン場といえばやっぱりトイレか……」

そう思った私は暗がりの中にあるトイレの自動扉（なぜかここだけ近代的）を通り抜け、小便をしてみよう……と思ったその時、一つ空けた隣の便器にいる老人が私の小便の音とほぼ同時に、ペニスをゴシゴシとシゴキ始めた。オカズはもちろん、私が小便をする姿である。身を乗り出して必死に私のモノを見ようとするオヤジ、その顔が『ゴルゴ13』と激似で鳥肌が立った。

地下一階は陰からゾンビでも飛び出してきそうなロケーション。百年後、世界中がこんな雰囲気になっていたら嫌だなと思いつつ、劇場の隅にある柱の影を見てみると……。

ヨボヨボのじじいが六十くらいの脂ぎったオヤジに半分強姦されていた。座席には浮浪者の姿もちらほらあり、臭すぎて鼻呼吸ができない上に口で呼吸をしても吐き気を催してしまうのだった。おそらくこんなピチピチの二十代がこの地下一階に来るなんてことは、数日後スーパー玉出がどこかの企業に買収されたことよりも驚きだったようだ。「ヤラせろ……」と目で訴えてくるのを尻目に私は一階へと避難した。

一階は打って変わって清潔感あふれるシアタールーム、というわけではなくそれなりに臭かった。とはいえさっきの魔界と比べたらまだマシな方。左奥の席にスレンダー美女が座っているのを発見し、近くに行ってみる。

服装は赤色のニットのワンピース。巨乳がニットを着るとおっぱいが大変なことになるが、まさにそれ。暗くて顔はよく見えないものの、とにかくスッゲーエロいのである。隣に陣取っている四十過ぎの男性も左手でその女性の脚をサワサワしながら、右手で股の周辺をまさぐっている。次第に右手は股の奥へと伸びていき……。ストッキングの下から盛り上がった硬い棒を指でしごき始めた。やはり男だった。私は目を閉じて、この男性のように今を生きているシアターマンを思い浮かべた。

大阪を代表するオカマスポットのもう一つに、「通天小町」というビデオボックスがある。その名の通り、通天閣の目と鼻の先にあり、新世界国際劇場もすぐ近くにある。通称〝小町〟と呼ばれるこの場所、ビデオボックスとは名ばかりのハッテン場。個室には立派なベッドが備え付けてあり、シャワールームなども設置されているホテルのような部屋もある。施設内には三つの談話室があり、女装をした人々と男性がおしゃべりをし、気が合ったらそのままどちらかの部屋へＧＯといった具合だ。

西成と近いということでやはりこの小町も治安は相当悪い。「覚せい剤を部屋でやっている奴がたまにいる」そうだ。たしかにトイレ内には「注射器を流すな」という張り紙もあり、シャブをキメながらアナルセックスに励んでいるという人間もいるようだ。

「兄ちゃん、他にも面白いところ知りたいならな、西成のスポーツメンズクラブ大阪っちゅうとこ行ってみるとええ」

と、ある男性が教えてくれた。なんでもこのジム（？）の内部はサウナになっており、コッテコテのゲイのハッテン場となっているそう。さらにこのジムの特徴は、「ＨＩＶ感染者が多く集まるということらしい。お互いに感染していれば「もう移してしまう心配はないでしょ」といったノリらしい。実際に店の掲示板を見てみると、目を疑うような書き込みがズラリ。

「ポジ種キメて欲しい奴おる？　ヤろうぜ」

「全てのポジ欲しい気持ちわかる。犯された証明やからな」

などなど。ポジというのはＨＩＶなどの性病のことを指している。「ホントに行くのか!?」と思いつつ、新世界国際劇場にはホントに行ってしまった。裏モノ系ライターの血が騒ぐということでとりあえずスポーツメンズクラブ大阪、通称〝スポメン〟の前まで行ってみることに。

スポメンは私が普段から使っている路地にあった。なんなら宮崎さんが「こんくらい西成なら普通や」と言いながら立ち小便をしていた通りだった。看板は怪しい緑色で見た目は普通の一軒家。が、入り口の自動扉には「一般のお客様お断り」とデカデカと記されている。一般のお客様の定義って何なんだよ……と思いつつその場で足踏みしていると、真っ黒に焼けた若い兄ちゃんが常連のような顔でスポメンの中に入っていった。

いま思うと新世界国際劇場の地下一階なんてやさしいもんである。カフェでお茶をするようなもの。スポメンは面白スポットの域を大きく逸脱しており、もはや禁足地。千葉の八幡の藪知らずのような雰囲気がある。「行くしかない！」と奮い立つわけもなく、私はおとなしく自分の宿泊するドヤへと尻尾を巻いて帰ったのだった。

四角公園の真横にあいりん地区唯一のオカマバー「ねむり姫」がある。ママはすでに七十歳を超えており、入れ歯の大きさが合っていないせいか何を言っているのか分からないことがほとんどだが、西成のオカマ事情についていては詳しかった。

ママは三十年前に女装を始め、ミナミの飲み屋で働いた後、十六年前にねむり姫をオープン。あいりん地区にも昔はオカマバーが数軒あったそうだが、軒並み廃業。「若くて綺麗なだけじゃ商売できないのよ」と言う。

「新世界界隈って夜になると女装をした方がたくさんいるけど、あれっていつからなんです

あいりん地区唯一のオカマバー「ねむり姫」。店先ではゲイビデオが売られていた

か？」

「三十年以上前から、ミナミ、新世界、西成にはオカマの売春婦がそこら辺に立っていたのよ。でも今みたいに趣味で女装する人たちが歩けるようになったのは二十年前ね。それまでは商売専門の地域になっていたけど取り締まりが強化されたり、オカマ自体が高齢化したりしていなくなったのよ。私もミナミで働いているときは女の格好で新世界は歩けなかったわ。男が寄ってきちゃうから、商売のオカマたちと喧嘩になっちゃうのよね」

「ママさんは身体売らなかったんですか？」

「私はそんなことしないわよ。お酒専門だったからね」

当時盛り上がりを見せていたのはミナミ。千日前通りには二十人以上のオカマの売春婦が立ち並び、かなりの稼ぎを挙げていた。オカマはそれぞれ縄張りがきっちりと決まっていて、自分の場所でしか男に声をかけることができなかった。

また、ミナミも新世界も西成も、オカマの売春婦たちを牛耳る〝親方〟なる存在がおり、ミナミの場合はデビュー金五十万を親方に支払って初めて路上に立つことができたという。

「勝手に立つなんてことはできないんですね?」

「あかんよそんなの。とんでもない!」

オカマを買う客の大半はあまり金のない西成の労働者。おそらく若かりし頃のシアターマンも買っていたのだろう。

しかし、それでも中には売れないオカマも多く、深夜の商売がボウズ(客が一人も付かないこと)だった時には早朝になるとそのままあいりんセンターへフラフラと向かい、日中は現場で穴を掘るなんてオカマもいたそうだ。

しかし当時オカマを買っていた男たちもオカマたちも今では七十過ぎの老人に。新世界では次世代のオカマたちが売春をしているが、西成ではめっきりなくなってしまった。あいりん地区にいるオカマは私が知っている限りでは三人。一人は眠り姫のママで、もう一人は定期的にあいりん地区を南に向かって徘徊している。話しかけると、「病院にホルモンを打ちに行くの」と言っていた。もう一人はママリンゴに住むオカマ〝ミネ子〟。深夜、萩ノ茶屋駅近くのゴミ捨て場を漁っているのを見つけたので、何をしているのか聞いたところ、「ちょっと野暮用で」と言っていた。

ねむり姫もあと一年くらいで店を閉める予定だというし、西成のオカマ文化はもう終わってしまうのかもしれない。

朝の闇市

もはや西成の一大観光地（?）となった、南海電車の高架下に並ぶ闇市。土日の朝の時間帯になると露天商たちが道路に「どこからか拾ってきたモノ」を並べ、違法に商売をしている。ニュースなどを見ると、「西成の闇」といった風に報道されているが、近隣の人間にとっては朝の漁港で捕れたての魚を買うような感覚で気軽に買い物ができるような場所となっている。

売っているモノといえば基本的にはガラクタばかり。中でも人気なのは、無修正の裏アダルトDVDだろう。三先通りのシゲもここで購入したらしく、西成の男たちは大体数枚は持っている。中にはDVDデッキがないくせに、とりあえずDVDだけ買うといった人間もいる

警察が一斉摘発してもすぐにまた露店が並ぶ。イタチごっこが延々と続いている

くらいなので、堂々の売れ筋商品だ。他にも期限切れのコンビニ弁当などが並ぶ。どこで仕入れてきたのか尋ねると、「兄ちゃんこれは企業秘密や」とカッコつけていたが、コンビニのネパール人店員に頭を下げて安く買っているのがいいところだと思う。

坂本さんもこの闇市の常連である。路上には数軒「薬局」があり、病院でしか処方されないような薬を価格破壊も甚だしい料金で売りさばいている。その多くは生活保護受給者が病院で処方された薬である。小遣い稼ぎに病院でタダでもらった薬を露天商に売っているというわけだ。

「ナンバープレートが〝1720〟のバンがあるはずや。その薬局は言えばなんでも調達してくる。そして安いんや。『坂本さん、それは無理な話ですわ』と言いながら翌週にはバッチリ揃えてくるからかなりの腕前や」

と坂本さんが話す。この露天商が普段何をしている人物なのか、覚せい剤なども扱っているのか気になるところだが、坂本さんを介してインタビューを申し込んだところ、ＮＧとのことだった。客としてその薬局を訪れると、病院で見たことのある薬や湿布薬が並んでいた。

「おう、兄ちゃん何探しとる？　ハルシオンやろ」

他の薬局に行っても、私の顔を見るなり睡眠薬であるハルシオンを真っ先に進めてくる。ドラッグ事情に詳しい作家の草下シンヤ氏によると、

「ハルシオンは睡眠導入剤として非常に優秀で、不眠症の治療などでも一般的に使われるんだけど、覚せい剤を使用して活性化した脳を休ませて強制的に眠るためにも使われる。西成ではそういう使い方もあるかもしれない」

とのことだ。また、

「若者が使用する方法としては、ハルシオンを飲んで強烈な眠気が襲ってきたところでぐっと我慢してみる。そうすると妙な覚醒感を味わうことができる。そうやって眠剤で遊ぶ方法もある」

という。西成を中心に若者の間ではハルシオン遊びが流行っているようだ。フラフラしていると遠くで見慣れた顔が「國やん！」と呼んでいる。飯場で坂本さんに「あいつはシャブ中や」と言われていた青山さんだ。

西成の元売人「かっちゃん」

「國やん元気か、坂本さんに聞いたんやけどお前本書くんやってなぁ。やっぱ筑波大学っちゅうのはすごい奴らが集まってくるんやなあ。なあ、いつ発売なん？　俺にも送ってくれや。あと西成の本書くっちゅうんなら、このかっちゃんを忘れてはいかん。あ、俺のこと今日からかっちゃんって呼んでくれな。なあ國やん」

二十代前半で京都の暴力団に入り、西成でもB会に属した青山さん改めかっちゃん。B会はシャブの密売をシノギの中心としており、かっちゃんもかつてはシャブの売人としてこの街で生きてきた。しかし刑務所に入ること九回。地元では周りの目もありドカタなどできず、S建設にやってきたというわけ。

「んで、兄ちゃん何が知りたい？」

「シャブの売人をこの目で見てみたいです。それらしき人はいるけどブツを見たことがない」

「そんなやつその辺にいっぱいおるで。そしたら俺のお得意先を少し紹介したるからちょいと付いてきいや。ここだけの話、今でも少しだけやってんねん。毎日じゃないで、たまにだけやで」

そう言うとかっちゃんは四角公園の近くにある居酒屋「オンドル」へと向かったのだった。

今私が泊まっている、展望風呂がこの上なく贅沢なホテルの真裏でもある。部屋の窓から四角公園を監視してはシャブを買いに来るサラリーマンはいないかと考えていた私。こんな近くでブツが見られるとは考えていなかった。複数の人物をつたっていくことで、やっとたどり着けるようなものだと思っていた。

「おお、姉さん。ハンさんは？」

「おお久しぶりやなあ」

覚せい剤所持の疑いで警官に囲まれている西成の住人（撮影：皆川さん）

ハンさんというのは以前かっちゃんが刑務所で一緒だった人物らしい。姉さんはその知り合いで、オンドルの常連客である。

「いま持っとるの？　ネタ」

「あるよ」

そう言うと姉さんはポケットからスッと、白い粉が入ったパケをチラリと見せた。

「おう、あるんやな。じゃあまた

今度よろしく頼みますわ」

居酒屋「オンドル」から少し顔を出せば、塀のある警察署として有名な西成警察署が見える。

「シャブの売人ってのはな、男よりもああいう普通のばあさんが多いねん。警察にとってはあんなババア盲点やし、感情消していろいろできるからな、捕まりにくいねん。なによりあのババアの肝が据わっとる」

姉さんはパケをポケットに戻すと、再びどて焼きをつまみながらビールを飲み始めた。オンドルから歩くこと約二十メートル。商店街の中でまた売人に会った。今度も女性であるが、先ほどの姉さんと比べるとシャブ感丸出しといった風貌である。歳のせいもあるかもしれないが、頬の肉が垂れ下がり、目の奥が濁っている。顔色も黒みがかっていて、目の下のクマも目立つ。

「朴さん！　どもども。あれ、まだ売ってまんの？」

「悪いけどいま保釈中やねん」

「聞いた聞いた。五月に刑務所行くかどうか決まるんやろ？」

「なんや、詳しいやないの」

「保釈中じゃさすがに売れないわな。まあ身体に気を付けたってくださいな」

朴さんは名前の通り、在日韓国人である。かっちゃんは昔、朴さんからよく覚せい剤を買っていたらしく、朴さん自身も重度のシャブ中であるという。

「さっきの女の人もいまでもやってるんですか？」

「やってるに決まっとるやろアホ！　ドポン中や！　あのな、女のシャブ中ってのは男のレベルとはわけが違うんやで。シャブにハマった女はやめられるわけがないんや。朴さんも昔はべっぴんやったのに、今じゃあんな姿や」

動物園前駅を出て阪堺線の線路を渡ると、左手にあいりん地区の入り口がある。ローソンの横を通り、しばらく行ったところに何年か前に潰れた店舗が、シャッターが下りたままになっている。その店の前には三人の男がローテーションで常に座っている。携帯を見たり漫画を読んだり、本当にただ座り続けているだけ。しかしこのグループはこの一帯では誰もが知るシャブ屋である。「じゃあシャブ屋の前で待ち合わせで」となるくらいに、もはやオブジェのような存在となっているのだ。

「あの店の前にいるシャブ屋おるやろ。俺昔あいつと一緒にシャブ捌いとったんや」

「ああ、やっぱりあの人たちも売人ですか」

「せや。誰でも知っとるで。ちょっと聞いときや」

かっちゃんが少し周りを気にしながら売人に近づいていく。今いるのは柄入りのスウェットを着ている四十代くらいの角刈りの男。もう一人は肥満体型の歯の抜けた男で、あとは釣り用のチョッキを着た七十代くらいの男だ。

「兄さん、久しぶりやな。覚えてまっか？」

「おう」

「売れてまっか？」

「いや」

「オレも金があればシャブいきたいけどなあ」

「……」

角刈り男は買う気がないなら早くどこかへ消えろといった様子だ。かっちゃんの後ろにいる私のこともチラチラと見ている。角刈り男のように街に立っている立ちんぼがネタを持ち歩くようなことはない（オンドルのババアは例外）。立ちんぼに告げられた場所で、また別の人間と待ち合わせをし、そこで受け取ることが多いという。間に挟む人間は一人だけらしく、それではすぐに足が付いてしまいそうではあるが、現物を持っていない立ちんぼは捕まることはない。

「あいつも元々アンコやねん」

「アンコ？」

「それで今は売り子しとんねん。あいつは長いこと捕まらんな」

「アンコってなんですか？」

「あいつは自分ではやらへんタイプやからな。上手いことやっとるんや」

アンコというのは後で分かったが肉体労働に従事するドカタのこと。ということは私も元々アンコということになる。それにしてもかっちゃんとは話が噛み合わない。坂本さんがいうには、それがシャブ中の特徴であるという。話しているけど心ここにあらずといった様子だ。

「労働者は労働者や。シャブ屋はシャブ屋や。はっきりせないかん。ちゃうか？」

「そうですね」

「あいつはあいつでシャブ屋やっとんねんしそれはそれでええねん。自分でリスクある道を選んだんやから、捕まってへんならそれでええねん」

たしかに角刈り男も自分の人生をかけてシャブを売っているといえばそうなのかもしれない。リスクを背負って選んだ道を、他人にとやかく言われる筋合いはないということだ。

「待ち合わせするところってどんな場所なんですか？」

「待ち合わせ場所でシャブ売っている奴は立ちんぼと違って本腰入れてやっとる。まあ立ちんぼなんてやろうと思ったら兄ちゃんでもできる仕事や」

「シャブを受け取るところってどんなところですか？」

「中にはオンドルのババアみたいに持ち歩いてる奴もおるけどな」

「青山さん、待ち合わせ場所はどこですか？」

「場所はこれといって決まってるわけやないで。その辺のドヤの一室ってこともある。臨機応変や」

　他にも「あの角の草むらに隠しておくので後でこっそり回収しておけ」というパターンもあるそうだが、かっちゃんは「今は大体室内がメインや」と言うので、かっちゃん自身は、現在はそういった方法で買っているということだろう。どちらにせよ立ちんぼは現物を持っていないので、警察も黙認状態である。

　小便ガードにいる通称「銀ジャージの男」も、あいりんにいれば一日に五回はすれ違うという、もはやマスコットキャラクターのような存在感があるが、こいつもシャブの立ちんぼ。グルグルと常に街をパトロールしている警察たちが分かっていないはずもないのだが、仕事終わりの銀ジャージの男を尾行したところ、フラっと交番に寄っては十分ほど警察官と談笑をしていた。警察官もヘラヘラとしており、和気あいあいといったムードだ。

　後日、交番に出向きあの「銀ジャージの男」といつも何を話しているのか、覚せい剤の売人だということは警察も知っているだろうと若い巡査に聞くと、「あの男性が売人とは僕たちは把握しておりません」とシラを切った。そんなわけはないだろうと食い下がると、奥からどうしたといった様子で年配の上司が出てきた。

「ああ、あの人ね。アイツを捕まえたところでまた別の人間が出てくるだけだから、イタチごっこになってしまうだけなんだよ。第一現物を持っていないと現行犯逮捕できないしね。そんなことより貧困ビジネスの方に私たちは頭を抱えていてね、週刊誌のライターさんならあなたが全部暴いてよ」

　と投げやりな感情をいちライターにぶつけてくる始末。かっちゃんも坂本さんも口を揃えて言うが、察するにこの銀ジャージの男もシャブ中である。青っぽく染まった眉毛はいつもピクピクと痙攣し、歩き方もカクカクしている。身体はやせ細っており、見るからに覚せい剤中毒者といった感じだ。こんな男、いつ捕まってもおかしくないわけではあるが、警察もわざわざ捕まえようとはしない。西成署の留置所は常にパンパンの飽和状態であるというし、こんなシャブ中に一人一人付き合っている時間などないということだ。

　私も覚せい剤が随分と身近な存在になってきた。自分では手を出そうとは思わないものの、その辺を歩いているオヤジたちが覚せい剤の気持ち良さについて熱く語り合っている。こんなところにずっといたら、自然な流れで手を出してしまいそうでもある。しかし、そんなことをポツポツと言い出した私に対し、かっちゃんは語気を強めて言うのだった。

「シャブやったら終わってまうで、はっきり言うけど」

「初めて青山さんがやったのはいつですか」

「しまいには死んでまうねん」

「青山さんが……」

「いっぱい見てきたで。シャブ打って人生終わってまう人」

「初めて打ったのは……」

「シャブ打つ奴は根性あらへん。ホンマに根性あるやつはヤクザでもシャブなんてやらへんねん」

「初めはいつだったんですか？」

「え？」

「初めて打ったのはいつだったんですか？」

「俺は中学のときからやっとる」

「いま中学のときに戻っても、もう一回やりますか？」

「やらへん。やらへんよ。シャブ売るより真面目に働いた方がよっぽど男らしいやん。思わんか？　なんや、居場所なんてあったもんやない。みじめや。ホンマに根性ある人間はそんなことしいへん。分かるやろ？　お前があんな白い粉で人生壊すような愚かな人間じゃないんは、兄ちゃん自分でも分かっとるやろ」

その通りだ。私の周りには「裏モノ系のライターなら一回くらい経験しておかないとダメだよ」と責任感のかけらもないことを言う人間が何人かいるが、おそらくその人たちは本当の怖さというものをまだ知らないのだろう。ここまで浸かってしまった自分は一生やめることなどできないと悟っているかっちゃんだからこそ、言える言葉なのである。

貧困ビジネス

ＧＷの休暇が終わり、かっちゃんはまた尼崎オレンジモールへと向かうバンに乗り込んだ。私はといえば、すでに滞在を予定していた一ヶ月は過ぎているものの、次の仕事を探していた。坂本さんにはもう十日延長しろと言われていたが、現場仕事はもうごめんだ。飯場の人間観察ほど面白いネタはないが、とにかくもう現場には行きたくなかった。

そうなると、すぐに始められそうな仕事はドヤのフロントか清掃あたりだろう。私はあいりんに来た当初に知り合ったカジタニという男を思い出した。私がバックパックを背負ってドヤを探していたところ、黒塗りのセダンに乗った男が窓から「宿探してるの？」と声をかけてきた。黒いデニムに黒いシャツ、銀色の眼鏡と服装といい車といい、どう見ても組関係の人間である。

しかしカジタニが言うには「うちの会社は何も悪いことはしていないから安心して。西成にあるドヤをいくつか経営しているから、寝るところに困ったり何かあったりしたら連絡してよ」とのこと。ということで、遠慮なく何か仕事はないかとカジタニに連絡をした。

カジタニの会社の事務所はS建設の向かいのHというドヤの中にあった。土足厳禁と書いてあるが、「住んでいる奴みんな汚いから足が汚れる。靴のままでいいよ」と奥の事務所に案内された。カジタニが腰かけたイスの横には金属バットと木刀が一本ずつ立てかけられている。

「カジタニさんのドヤで清掃スタッフとか募集してないですか？」

「清掃か〜。仕事あるっちゃあるけど結構キツイと思うよ。この辺住んでいれば分かるだろうけど、汚くて常識のない奴らばっかりだからさ」

「他にも何かないですかね？」

「そうだな。じゃあヒットマンの仕事とかどう？」

ヒットマンというと浮かんでくるのはやはり殺し屋であろう。やっぱり思い切りヤクザじゃねえかと私も焦ってしまったが、あいりんでいう「ヒットマン」とは殺し屋のことではない。

あいりんにはママリンゴをはじめ、多くの福祉専門ドヤというものがある。早い話が、生活保護を受けている者が中心に宿泊しているドヤ。ほとんどが初期費用ゼロで入居することができ、生活保護が下りるまでは少額ではあるがお金も貸してくれる。もちろん生活保護の申請もすべて面倒を見てくれる。保護申請のやり方が分からずに路上生活に陥ってしまうというケースがとても多いのだ。

しかしドヤとしては、入居者一人当たりの収益は毎月の家賃や共益費合わせて月に四万円程度。どんなホテルでも同じではあるが、とにかく空き部屋を作らないということが重要だ。そこでヒットマンの登場である。なんばや梅田を中心に（時には兵庫や京都まで）その辺でくすぶっているオヤジに、「もう疲れたやろ。生活保護受けよか？」と声をかけ、候補者を引っ張ってくるというわけだ。

カジタニの会社に仮に一人の候補者を連れてきたとする。まずは会社で申請書類を作成し、生活保護申請をする。

保護が下りるまでの（大体下りるらしい）一ヶ月程度の間は、連れてきたヒットマンが一日千円程度を手渡し、面倒を見ることになる。そして保護が下りた時に、そこから貸した三万円と会社からのマージン三万円が懐に入るという流れだ。それにプラスして、その後も毎月四千円がバックとしてヒットマンに渡される。カジタニの会社の稼ぎ頭である不動産会社のある社員などは、現在百人ほどのオヤジを抱えており、何もしなくても月四十万円もらっ

ている そうだ。

しかしこのヒットマン、かなり過酷な仕事である。保護申請中に逃げられたら、もちろん貸した金は返ってこないし、「千円じゃ少ない、増やさないと逃げるぞ」とカマをかけてくる輩までいる。シャブ中もウジャウジャいて、「金がない」だの「逃げるぞ」など、わけのわからない電話が四六時中かかってくるというわけだ。

カジタニの会社はあくまでまっとうな事業であると言い張るが、ここで出てくるのが貧困ビジネスという犯罪である。同じように明日にでも首を吊りそうなオヤジに生活保護を受けさせる。その下りた生活保護費の大半をピンハネしてボロ儲け。簡単に説明するとそういうビジネスだ。

いや、ビジネスというよりもただの恐喝といった感じだろうか。この場合、ヒットマンではなく囲い屋という名前で呼ばれるが、思うに三先通りでブランド物を見せつけていた人間たちがこの囲い屋である。お前らからピンハネした生活保護費で、このコーチのカバンを買ったのよ！　と見せつけていたということだ。

「ヒットマンやるか？」とカジタニに言われた私はすぐにイエスと答えることはできなかった。事務所の雰囲気的にどう考えてもヒットマンではなく囲い屋な気がするし、まず短期間でできるような仕事ではない。生活保護が下りると決まった際は、私の付き添いが必要になる。候補のオヤジを連れてきたところで、一ヶ月後に私が西成にいなければ何も意味がないのだ。ヒットマンで稼ごうと思ったら、数ヶ月という期間では利かない。年単位で滞在する必要がありそうだ。

それこそ、これ以上こんな街にいたら自分がドポン中になり、生活保護を受ける側になってしまう。カジタニには「今日からでもヒットマンになる」と声高らかに宣言はしたものの、私が「もう疲れたやろ？」と声をかけたのはたったの二人だけだった。

夜のパトロール

私は飯場を辞めてからというもの、毎晩のように夜のあいりんを夜のパトロールと称して彷徨い歩いた。元々夜遊びが好きな性分。飯場では、毎晩九時には寝て朝五時には飯を食っているという青汁のコマーシャルに出てくるオヤジみたいな生活を強いられていたため、フラストレーションが溜まっており、飛田新地に繰り出すということもあった。しかし、可愛い姉ちゃんもいいが、やはり狂ったオヤジの方が見ていて面白い。ここで夜のパトロールで出会った印象的な人物を紹介しよう。

厚生労働省によると、平成二十八年の日本の覚せい剤による検挙人員は約一万人。これが多いと感じるか少ないと感じるかは人それぞれだとは思うが、どちらにせよ身近な話題ではないという方が圧倒的に多いだろう。

　しかしあいりんの住人たちは、覚せい剤をまるでリポビタンDであるかのように捉えている節がある。石を投げれば前科者に当たるとはこの街ではよく言うが（実際にそう）、石を投げればポン中に当たるということわざ（？）も私は提唱したい。かっちゃんの口癖は「あいつもドポン中や！」であり、かっちゃん自身もドポン中であるわけだが。この日もあいりんの街では沈みかかった太陽に向かってポン中が吠えていた。

「助けてください！　助けてください！　誰か助けてください！」

　十人ほどの警察官に囲まれた五十代くらいの痩せぎすな男が周囲に助けを求めている。このような騒ぎはあいりんでは毎日のように起きる。そんなとき、「何かあったんですか？」と警察官に聞いても、うっとうしそうな顔で「人が集まっちゃうからあっち行ってや」と手で払われ、何も教えてくれないのだがこの日は別。

「あなたが覚せい剤をやっていないという証拠が一体どこにあるというんですか！」

と警察官が叫んだのだ。「シャブ中が捕まるぞ！」と一気に噂は広まり、あっという間に三十人ほどのギャラリーができてしまった。

「俺は小便がしたいねん！　漏れたらどうすんねん！」

ととにかくその場に小便をして証拠を消そうとするオヤジ。そんなことをしたところで証拠が消えるわけもないのだが、「じゃあ署で検査しましょう」とオヤジが脱ごうとしているズボンを三人がかりでつかむ警察官。

「ああ！　漏れる漏れる！　漏れたらどうしてくれんねん！」

銀ジャージの男は黙認で、こんないてもいなくても変わらないようなオヤジは捕まえるんだと少し疑問には思ったものの、これといって楽しみのないあいりん生活にとっては、うってつけの娯楽になるのであった。

路上で寝ているオヤジがその辺にいてヤバかった、という西成体験談はよく耳にする。またそれは事実であり、そんなオヤジは一日のうちに三十人くらいは目にするのだが、たまに本当に死んでるんじゃないかと思ってしまうオヤジもいる。

深夜一時頃、自転車で銀座通りをフラフラしていると、小柄なオヤジが道の真ん中で寝ている。横になっていたり、仰向けで気持ちよさそうに寝ているのなら、いつものようにスルーだが、このオヤジ、うつ伏せで手足をピンと伸ばしながら転がっているのだ。顔面がアスファルトの上にベタ付きなのである。

「おじさん、大丈夫すか？　ねえおじさん？」

オヤジの身体を起こして仰向けにすると、ムニャムニャとこんなことを言っている。

三先通りに捨てられたナンバープレートのない車。この街にはよく分からない物が捨ててあることが多い。それを拾って売る人も多い

「お兄さん、救急車を呼んでくださいな……」

明らかに酒の飲みすぎではあるが、「肝臓が悪くて、肝臓が破裂しそうよ」と言っているので救急車を呼ぶことに。五分ほどで来たが、待っている間に、「これ持ってたら救急車に乗れないからあげる」とロング缶のチューハイを手渡された。救急隊が「おじさん家どこ？」と何回も聞いている。「人が集まっちゃうからあっち行ってや」とやはり言われたが、気になって見ていると、おじさんは「ここや」と目の前にあるドヤを指差すのであった。

副題にある通り、私は七十八日間、あ

いりんで生活をしていた。その中でいろいろな男たちに会ったが、あくまで体感として、その内の六割が覚せい剤を経験し、四割が元ヤクザといった感じである。「元ヤクザか、気を付けよう」とはじめは思っていたのだが、この街にいるという時点でそいつはデキないヤクザということ。元ヤクザだからといって、みんながみんなシノギを削ってきた男の中の男というわけではない。ホント、どうしようもない元ヤクザもいるものだ。

スーパー玉出で夕食を買い自転車を漕いでいると後ろから、「買って！　買って！」と叫びながら大男が追いかけてきた。前歯が二本ともなく、履いているのもほとんど裸足といってもいいくらいにボロボロなサンダル。汗をダラダラ流しており、身体は傷だらけでもう瀕死状態である。横井庄一って発見された時こんな感じだったんだろうな、などと思いつつ話を聞いてみる。

「お願い、買って……。一つ二百円！」

大男の右手にはしっとりとしたアロハ柄のワイシャツ。左手にはアイロン台が握られている。

「どこで拾ったの？」

「違う。俺が着ていたやつ」

「いや、ゴミ拾っただけでしょ？」

「違う！　ちゃんと着てたよ！」

むしろお前が着ていたという事実で価値は下がりそうではあるが、どう考えてもこの大男に合うサイズ感ではない。シュッとしたホストが酔いつぶれて置いていったみたいなシャツである。

「西成はいつ来たの？」

「さっき。京都から遊びきた。やっぱ百円でいいよ」

「百円で何買うの？」

「麦茶買う。喉渇いた」

いたたまれなくなり、思わず千円を渡すと大喜びする大男。近くの自販機に走って行き、千円を投入する。しかしその自販機には悲しいかな麦茶はなく、なぜかさらに喉が渇きそうなピーチピューレを買っていた。そして私がヒットマンとして声をかけた二人のうち一人がこの大男である。

「おじさん、生活保護とか受けたい？　まだ頑張れそう？」

「もう限界かも。あと一年くらいで受けようと思ってる」

「紹介できるよ」

「本当？　お兄さん囲い屋？」

「うちはピンハネしないから大丈夫だよ」

「良かった〜。じゃあ、もう受けようかな……」

「おじさん名前は？」

「山本……。偽名だけど」

「なんで偽名使うの？」

「ごめんなさい奥山です。これ本当。京都でヤクザやってたんです」

翌朝九時に待ち合わせをしたものの、私は行かなかった。本当に「生活保護を受けたい」と言われたところで、一人の男の世話など見てはいられない。それにしてもこの大男にはたしてヤクザが務まるのか？　屋台のタコ焼きすら焼けない気もするがこれから一体どうやって生きていくのだろうか？

ママリンゴの危ない奴

福祉専門ドヤ「ママリンゴ」には、私がひそかに目を付けている怪しい男が二人いる。一人は常に女装姿で街をうろつく七十代の「ミネ子」。オカマの娼婦か何かではないかと思っている。もう一人は初日にも見たイヤホンをしながらいつも何か呟いている、虚ろな目をした男。よくその辺で足踏みをしているのを見る。精神的な病気なのかもしれないが、街にいたら誰も関わろうとはしないタイプの人間であろう。そんな二人が夜の十一時、ママリンゴ近くの路上に座って話をしていた。私は自転車を路肩に停め、二人に話しかけた。

「こんばんは。この前向こうのゴミ捨て場で会いましたよね。覚えてますか？」

「ああ～、あの時のお兄さん」

あの時ミネ子はゴミ捨て場で枕を見つけて持ち帰ろうとしたものの、意外と汚いことに気が付き、どうしたものか迷っていたらしい。話しかけたときは随分な塩対応だったが、タイミングが悪かっただけ。ミネ子は聞けばなんでも答えてくれた。

「私、こんな格好しているけど同性愛でもなんでもないんやで。今だって天下茶屋の方に彼女が何人もいるし。こういう格好しているとみんな覚えてくれはる。多少は触られることはあっても、たまに酒をおごってくれる人もおる。損することがないから女装してるんや」

もちろん売春もしていないというミネ子。いまも昔も売春（手コキで三千円など）をしているオカマは新世界の方に多いというが、売春はおろか新世界国際劇場にすら行ったことはない。見た目はまさに劇場の主、といった風貌だがそういった理由で女装をしているわけではなかった。

「こういう格好しているとね、自分で自分のことを愛せるねん。この街は自分の人生を捨てたような生き方しとる人ばかりやけど、そうはなりたくないねん」

中学を出てすぐ働き始めた。ミネ子はサラリーマンで、その会社の事務をしていた女性と恋に落ちて駆け落ち。会社もその時に辞めた。同棲生活を送っていたが交際は長くは続かず……。その後はトラック運転手、喫茶店、ガードマンなど職を転々とする日々。何度か西成にもお世話になり、我らがS建設の飯場に入っていたことも何度かある。五十代前半で生活保護をもらい始め、日雇いの仕事も並行して行いなんとか食いつないできた。もちろん役所には内緒のモグリの仕事である。六十歳からはふた月で十五万円の年金と月四万円の生活保護で暮らしている。そして二年前、ママリンゴにやってきた。

「いつから女性の格好を?」

「十五年くらい前やね。はじめは恥ずかしくて部屋の中だけでしとったんや。趣味みたいなもんやな。西成にいた時はな、朝の闇市あるやろ。昔はもっと規模が大きかったんや。そこで売れ残った女性物の下着やら服やらをタダで譲ってもらってたんや。さすがに口紅はちゃんと買っとったけどな。あそこは泥棒市やから」

あんな闇市に売っている女性物の服など一体誰が買うのかと疑問に思っていたが、こういった需要もあるのだ。それに、若い女性はさすがに買わないとしても、あいりんに住んでいる年配の女性は購入することが多いらしい。私は数千円でその辺のオヤジのモノをしゃぶるオカマと同じ括りで見ていたことを心の中で謝った。

ミネ子の隣にいる尾関さんは、今日はイヤホンをせずに私たちの話を聞いている。

「あんたも病気さえなければ昔みたいに今でも働けたのにねえ」

とミネ子が話を振った。

「そうですね、私は昔パン屋で働いていたから」

尾関さんは私たちのようにしゃべることはできない。なんとか聞き取れるくらいのしゃべり方で、やはり何かの病気のようだ。

「いつもイヤホンをして何か聞いてますよね？」

「おお、よく知ってますね」

尾関さんが嬉しそうに笑った。

「何聞いてるんですか？」

「音楽。音楽ですよ。私、四十代の時に突然幻聴が聞こえるようになって、仕事にならなくなったんです。でも音楽を聴いていれば、幻聴のことは忘れられるから」

後日、深夜一時頃、街を歩いていると イヤホンをしている尾関さんが同じ場所に座っていた。

「あ、國友さん？　國友さんですよね？」

尾関さんは私の顔と名前をしっかりと覚えてくれていた。

「今日は何聞いてるんですか？」

イヤホンを外し、私に手渡してくれた。耳に挿すと、ビートルズの『Hey Jude』が聞こえてきた。毎日ビートルズしか聞いていないようで、昔はバンド活動もやっていたそうだ。私は音楽には疎いが、『Hey Jude』は中学校の音楽の授業で何度か歌ったことがある。歌詞もなんとなくではあるが覚えている。

「おお、よく知っていますね。そうそう、やっぱ人に歌ってもらうのはいいですね。ああ、ああいいなあ」

カラオケ居酒屋も店を閉め、寝静まったあいりんの街に私の『Hey Jude』が響く。「いいなあ。いいなあ」と尾関さんはいつまでも隣で適当な英語の『Hey Jude』を聞いてくれた。梅雨入り前の涼しい夜風が心地よかった。

第四章　西成のドヤで働く

【五月五日】ドヤのスタッフになる

私が宿泊していたドヤ「南海ホテル」の入り口に、ある日「スタッフ募集」の紙が張り出されていた。ヒットマンの仕事もできそうにない。貧困ビジネスはヤクザのシノギの一部になっており、その犯罪に加担することになりかねない。

「張り紙を見たのですが」とすぐにフロントへ告げると、明日面接をするという。飯場では、身分証明書がなくても住民票がどこにあるのかすら分からなくても、「入る」といえばその日からでも即採用。

しかしドヤスタッフの場合はちょっとだけ厳しい。S建設のように母体がヤクザでもなんでもない普通（あいりんのドヤなんて普通ではないのだが）の会社なのだろう。「顔写真の付いた履歴書が必要となりますが、提出は大丈夫ですか?」と履歴書の持参を求められた。前科はないか、はたまた指名手配犯ではないかなどを一応チェックするみたいだ。まるでこの街にいるだけで犯罪者扱いだが、仕方がない。こんな街でいきなり働きたいと言ってくる奴に、それなりの理由がないわけがないのだ。

面接を担当したのは南海ホテルの支配人。つい先週、従業員が一人辞め、どうしたものか

南海ホテルの一室。洋室タイプと和室タイプの二つがある

と張り紙を出したところあっという間に私が釣れた。

辞めた男は城之内という四十ぐらいのゴリラのような男で、S建設の飯場を逃げ出し南海ホテルに来たという。しかし城之内は人間ではなくただのゴリラだった。突然、物を壊し始めたり従業員に殴りかかったりと数々の奇行が問題となり、数日でクビに。

さすがはあいりんが誇るS建設といったところだが、そんな城之内の後輩である私を、南海ホテルは即採用してくれた。

そしてGW真っただ中の五月五日から、私は南海ホテルで働き始めた。南海ホテルは、現金約二千万円を持った男が首吊り自殺をしたことで有名な「ホテルニューかめや」や、部屋を見せてくれと聞いただけで

南海ホテルのリネン室。各階に一部屋ずつ設けられている

怒鳴り散らし、私を追い返した最底辺の一泊五百円ドヤ「かなめ」とはちょっと格が違う。一泊千五百円〜という料金設定で、ホームページにはビジネスホテルと記されており、出張のサラリーマンはもちろんのこと、外国人観光客や一人旅の女性も泊まる、あいりんでは四つ星級のドヤ。それでいて、日雇い労働者や生活保護受給者（以下、生活保護）、一体何の仕事をしているか分からないいわゆる〝住所不定無職〟の人々も住んでいるという、一風変わった場所なのである。

初日は関西弁のかなりキツい市原さんの指導でひたすらトイレ掃除。ドヤの清掃なんてバケツの水をバシャっとかけて終わりだろうと思っていたが、うっとうしいくらいに細かい。私が学生時代に数ヶ月だけバイトをしていた恵比寿の「ウェスティンホテル」とまではいかないが、一フロアのトイレに少なくとも三十分以上はかかってしまう。

「手抜くとすぐバレるから、ちゃんとやった方がええで。皆川さんは厳しい人やからな」と汗っかきの市原さんが顔をぐしょぐしょにしながら言う。四十代の皆川さんはバイトリーダー的な人で、顔がお笑い芸人の『GO！皆川』に激似である。おまけに仕事中もなぜかてっぺんにボンボンのついたニット帽をかぶっており、狙っているとしか思えないが、身体の所々に刺青が入っており、さらに歩き方が少しオラついているため、誰も「GO！皆川みたいですね」とは口が滑っても言えない、といったような人物である。

始業時刻は朝八時。午前中は一階から三階までのトイレとシャワー室を掃除して、午後は一階から最上階である六階まで掃除機をかけ、昼の三時で終わり。フロントの仕事は午後三時から夜の十時までとりあえずフロント周辺にいるだけという、一日だけで馬鹿になりそうなほど暇な仕事。実働時間は六時間で、日給は五千五百円であった。私は清掃とフロントで週三日ずつ、一日休みの週六日勤務となった。

【五月六日】生活保護受給者

南海ホテルの六階は女性客中心のフロア。四階、五階は観光客など素泊まりの人たちが主に泊まり、一階～三階には長期宿泊者が泊まっている。この長期宿泊者は五十名ほどで内二十名ほどが生活保護である。

つまり残りの三十名は基本的に日雇い労働者となるわけだが、彼らはそれなりに生き生きとした生活を送っている。朝五時には南海ホテルを出て、夕方五時頃に戻ってくる。

南海ホテルの宿泊客は経営が同じである近くの銭湯にタダで入ることができるので、そこで汗を流し、缶ビールをグイっと飲んでそのまま寝るといった生活。S建設時代の私とまるで同じ生活であるが、外から見ればだいぶ人間らしいといえば人間らしいのであった。

しかし悲惨なのは生活保護である。まず彼らの食生活といったら涙が出るくらいにお粗末なものである。基本的にはカップ麺かスーパー玉出の弁当。カップ麺はもちろんのこと、このスーパー玉出の弁当は私も何度か食べたのだが、限りなく身体に悪そうなのである。三百円弱と安い代わりに、化学的なものがふんだんに詰め込まれているといった感じだ。

なかには自炊をする生活保護もいるのだが、せいぜい具が卵とコショウだけでご飯が黄色く固まっているチャーハン（?）程度のものである。

一階から三階の住人たちは、なぜか部屋のドアを五センチほどいつも開けている。掃除機をかけながらそのすき間を覗くと、そんなゴミみたいな飯を何ヶ月も敷きっぱなしの万年床の上に広げ、パンツ一枚という姿で貪り食っているのだ。

このまま１週間放置しても腐らなそうなスーパー玉出の弁当。化学的なものをふんだんに使っていそうな味がする

食べた後は食器を部屋の隅に押しやりそのまま寝転がって天井を見ながら眠くなるのをひたすら待つだけ。一体、何のために生きているのかまるで分からない。新宿にいる都庁前のホームレスの方がよっぽど人間らしい生活をしているようにさえ思ってしまうのだった。

【五月七日】ホンマのカス

本日は清掃ではなくフロント。とはいってもフロントには別の人間が座っており、私は館内をプラプラとしながら油を売っているだけだ。トイレに残ったクソを流したり、屋上から通天閣を眺めたりしながら夜の十時になるのをひたすら待つ。

南海ホテルの一階ロビーには誰でも使える共用のパソコンが一台ある。屋上で三十分ほど本を読み一階へ下りると、パンツ一枚に肌着姿のオヤジがパソコンのキーボードを指一本でいじっていた。まず、ビジネスホテルの館内をそんな姿でうろついていたら、事件とまではいかないがある程度の騒ぎにはなるだろう。

四つ星ホテルの南海とはいえ、ここは西成。パンツ一枚で上半身裸のオヤジが我が物顔でうろついていることもある。ときには女性が一人で乗り込んだエレベーターに、その姿で乗ってしまうというのが、ここが五つ星ホテルとは間違っても言えない所以である。デスクトップの画面でキーボードを打つも、何も反応せずに困っているオヤジ。特にすることもないので教えてあげることにした。

「何か調べたいんですか？」

「ああ、なんかこう掲示板みたいなものってどうすれば出てくるのかね？」

「掲示板って言っても色々ありますよ。どういうジャンルですか？」

「いや、女の人と会えるような。『君の執事になりたい』って書き込みをしたいんだ」

オヤジはまだボケてはいないようで、いたって真面目。今は生活保護だけで暮らしており、知り合いもおらずホテルのスタッフですら誰も相手にしてくれない。でもお兄さんは他の人とは違って優しいねと、聞いてもいないことをベラベラとしゃべり始めた。

「俺だって昔はちゃんと働いていたんだよ。年収は四百万以上あって海外行きの飛行機にだって数え切れないくらいに乗ったんだよ。今でもやっているけど、俺の競馬の腕といったら結構なもんなんだよ？　一日で五十万儲けたことだってあったさ。まだその腕は落ちていないってところで先週も勝ったんだ」

「競馬でもなんでも趣味があるっていいことですよ」

「そうか。お兄さんもそう思うかい。でも俺なんて今はお先真っ暗の落ちこぼれさ。馬券を買いに行く以外は二十四時間ずっと部屋にいるだけだ。お前さん、日本では一日何人の人間が自殺するか知っているかい？」

そういうとオヤジは先ほど私が教えた方法を思い出しながら、「自殺　日本　数」と検索窓に打ち込んだ。そんな光景をボーっと眺めているとフロントの従業員が「ほら、そんなの相手してないでさっさとゴミ捨ててこいよ」と私の肩を叩いた。

このフロントの従業員はどうもロリコンの気があるらしいと噂になっている。とはいっても二次元のロリが好きなようなのでセーフといえばセーフではあるが、最近はショタにも興味が出てきたそうで、昨日は少年兵モノのエロアニメでオナニーしたらしい。そのため私はこの男性従業員のことを、もちろん心の中だけではあるが、敬意を込めて「少年兵」と呼ぶことにした。

執事志望のオヤジはパソコンを止め、トボトボと部屋に戻っていった。明日あたり屋上から飛び降りるのではないかとフロントの少年兵に聞いてみると、「知ったことではない」と言っていた。

「あんな奴ほっとけばええ。相手するといくらでも喋りよるで。アイツ、生活保護もらいながらその金でギャンブルばっかりしとんねん。何を堂々と競馬や、ボートや、言うとんねん。アホちゃうか。アイツ、ホンマのカスやからな」

たしかにさっきオヤジが言っていた「お先真っ暗の落ちこぼれさ」という言葉には引っ掛かる。借金を抱えた人間やホームレスが言うのなら分かる。でもオヤジは国民の税金で生かしてもらっている。もしかすると心臓に大きな病気を抱えているといった事情があるのかもしれないが、見た感じまだ働けそうだ。そんなオヤジが国からお金をもらっておいて被害者面するのはなんだか違う気がした。

【五月十二日】部屋から注射器

勤務中にも関わらず昼休みになるとこっそりと部屋でグビグビと缶ビールを飲んでいるア

ル中の芳夫が、高圧洗浄機を持ち出して二一五の部屋を磨き上げている。ちなみに私と芳夫と九州出身のK太郎は南海ホテルの部屋に社員寮という形で泊まっており、皆川さんと市原さんは近くのドヤに泊まっている。

清掃スタッフにはもう一人、ひとみちゃんという私と同じ年齢くらいの綺麗な女性がいたが、女性にはちょっとプレッシャーになりかねない皆川さんのオラつき具合と、K太郎のネチッこく陰気臭い視線のせいであっという間に辞めてしまった。

「二一五、なんかあったんですか?」

酒の入っている芳夫に聞いても「いやあ」とか「ああん」としか言わないので、気になることがあればすべて皆川さんに聞くようにしていた。市原さんは関西弁がキツすぎて、内容が入ってこないし、二十八歳のK太郎はコミュニケーション能力に大きな問題があるようで、話しかけただけでも目が泳いでしまうのだ。

「二一五のおっさんな、昨日とうとう追い出されたんや。隣の部屋のクシャミだけで怒り狂うからな、たまらず支配人が追い出したんや。結構長いことおったからな、臭くてあの部屋はしばらく使えないやろな」

「へえ、どの人か分からないですねえ」

「結構その辺ウロウロしとるような奴やったで。たまに部屋に掃除入ったんやけど、なんちゅうか気持ち悪い部屋やったで」

二一五の部屋は匂いこそキツいものの、部屋中の物という物が一ミリとも狂わず直角に並べられていたらしい。隣の部屋のスマホのバイブ音だけで怒り狂うくらいなので、慎重にならざるを得ない。その時点で皆川さんは気付いていたとはいうが、早い話がドポン中。

棚の間からは使用済みの注射器が出てきたし、二階の廊下にあるゴミ箱にはパケの袋も捨てられていた。

かといって特に通報するわけでもない。「こんなの日常茶飯事や」と皆川さんは言うし、店長も警察を呼んだところで面倒なことになるだけなので、黙って出て行ってもらったというわけ。初めて使用済みの注射器を見た私は思わずテンションが上がってしまったが、「他の部屋でも打ってる人間はゴロゴロいるやろ」とのこと。

「たまに血走った目の奴がホテルに駆け込んでトイレだけ借りることがある。そういうのは大体個室でシャブ打っとるからな。従業員としては注意せなあかんだろうけど、変に刺激するとホンマに刺される。危ないと思ったらとにかく放っておけ」

二年ほど前、そんな感じでK太郎がシャブ中に胸ぐらをつかまれて騒然となったそうだ。グワングワンと振り回されるK太郎。普通の人間であれば身体がこわばり、なんとか逃れよ

この棚の間から注射器が見つかった。目の届かない場所に注射器が捨てられていることがよくある。見つかっても特に大きな問題になることはない

うと抵抗するものだが、皆川さんの教えが頭に叩き込まれていた忠犬K太郎は全身を脱力状態にし、コンニャクのようになりながら振り回されていたという。

「途中で気失ってるのかと思ったわ。後頭部がもう背中にくっついとったで」

と皆川さんが当時を感慨深い様子で思い出す。

「K太郎はホンマ訳分からん奴やからな。ところどころおかしいんや。いわゆるオタクっちゅうやつか。俺、アイツみたいな奴が急に人殺したりすると思うねん。これ、わりとマジやで？　もう二年も一緒に働いているからな、いつかとんでもない事件起こすんちゃうかって思っとんねん」

K太郎はそんな一面もありながら、無類の女好きでもある。もちろん素人童貞ではあるものの、元旦から風俗に抜きに行くという性欲の強さ。月の給料はせいぜい十万ちょっとにも関わらず、なんばの抜きアリエステなどにも通っているらしい。

先日辞めてしまったひとみちゃんがいた頃はK太郎の奇行が目立ったという。休憩時間でもないのにスタッフの待機部屋にちょこちょこ入っては出てくる。ひとみちゃんが出勤し、彼女の荷物が置いてある日に限ってという話だから、K太郎が捕まるならおそらく性犯罪だろう。もしくは姦した後で殺してしまうか……。とにかくK太郎は私としても、つかみどころのない人間である。

仕事が終わった夕方頃、フロントにいる台湾人スタッフ劉君と話していると、やせ細ったおじいさんがフラフラとホテルに入ってきた。栄養失調かと思うくらいに身体に力が入っていない。おじいさんはホテルの時計を見ながら、「今は午前と午後どっち?」と目を閉じたまま劉君に聞いていた。

【五月十三日】ドヤのヒエラルキー

さすがに梅雨入りはまだ先ではあるが、今日のあいりんはまるでハノイのスコールのような大雨である。毎日のように雨が降る雨季のベトナムは、それでもかまわず路上には人がいることが多いが、この街に忙しい人間などほぼいないので通りを見ると誰一人として歩いていない。

さらに日曜日ということもあり、現場は休み。そもそも平日であろうとこの雨ならほぼすべての現場がストップになるだろう。ドヤの中には心なしか労働者たちの汗のこもった臭いが充満しているように感じる。

暇を持て余した生活保護がフロントへと下りてきた。外へ出てギャンブルをする気にもならないのだろう、劉君と私にブツブツと何か言っている。フロントには百円でロールケーキが売っている。スーパーで買えば五個入りで二百円くらいのくだらない商品である。

「ほら、二人に菓子パンでもおごってやるよ。なんだ、ロールケーキしかないのか。三つでも四つでも好きなだけ食え」

「まだお腹空いていないから大丈夫ですよ。これはお客さん用の商品ですし」

と劉君が迷惑そうに対応する。

「いいから食えって言ってんだよ。一個百円くらいだろ？　そのくらいの金は俺にだってあるんだよ」

生活保護は三百円でロールケーキを三つ買い、つまらなそうにまた部屋へと戻った。ロールケーキは食べずにそのまま商品棚に戻した。このオヤジに限らずだが、長期宿泊者のオヤジたちは無駄な「金あるアピール」をすることが往々にしてある。こんな街のこんなドヤに住んでいる時点で金なんてあるわけないのだが、小さなプライドを私たちスタッフにちょくちょくぶつけてくるのだ。

ドヤの中には一種のヒエラルキーがある。一番上は日雇い労働者、その下に生活保護がくる。日雇い労働者は生活保護のことを「人生を途中で諦めたドロップアウト組」として見下しているし、生活保護はやはり負い目があり（中にはなぜか威張り散らしている人間もいるが）日雇い労働者の前では大きな顔はできない。

しかし、日雇い労働者、生活保護ともに、私たちドヤスタッフのことは下に見ているようだ。「あそこが汚かったぞ」とか「風呂の温度が低いぞ」などといちいち指摘してくる。日雇い労働者はみんなその日暮らしのくせに、金がある風の振る舞いをし、日給五千五百円の私たちを家政婦のように扱う。生活保護は国民の税金で泊まっているにも関わらず、自分たちがいるからお前たちスタッフの仕事が生まれているんだ、といった顔をする。

とはいえ、皆川さんや少年兵含めスタッフ一同は、両者のことを完全に見下しているわけだが……。本当に税金の無駄遣いにも程がある仕事である。

昨日も現場終わりのオヤジが千円札でできた四枚ほどの札束を振りながら、ロールケーキ

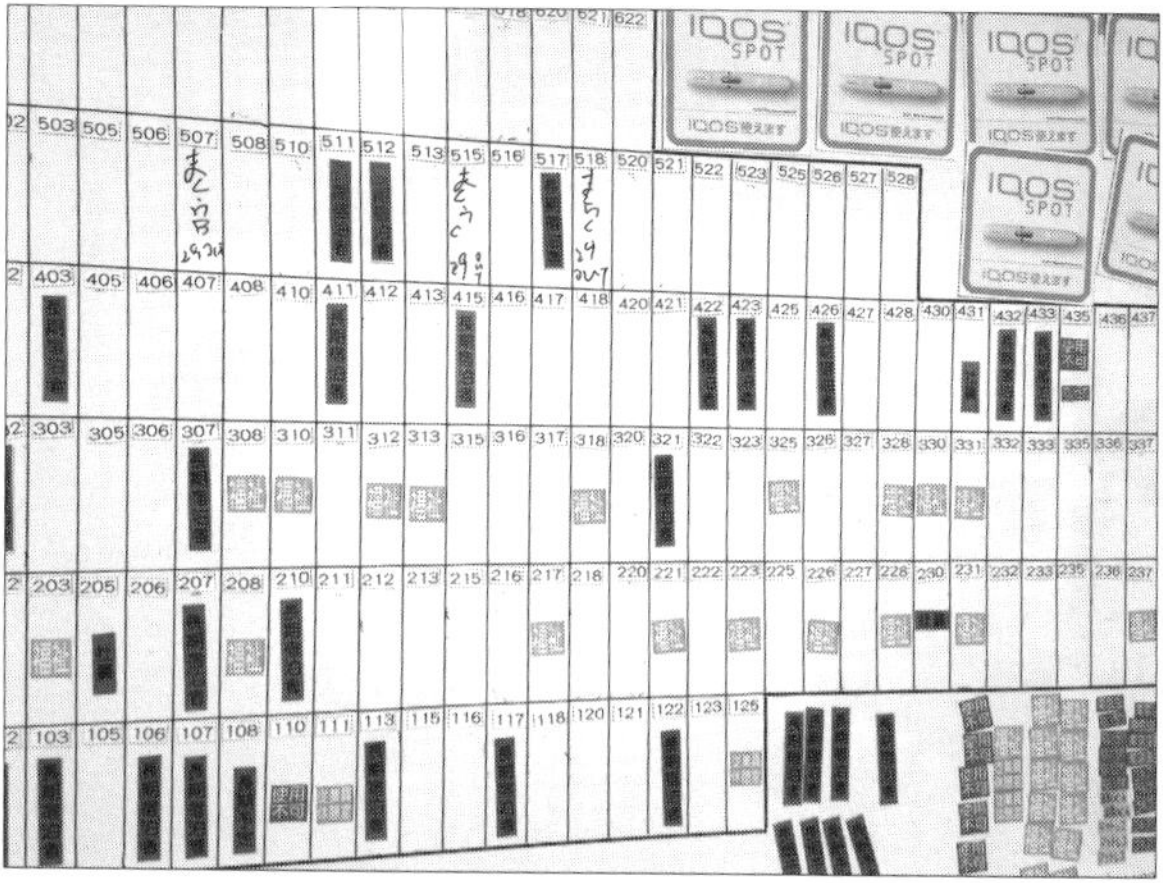

部屋の住人が生活保護なのか日雇い労働者なのか、一発で分かる便利な表がフロントの中にある

を三つ、ジュースを二本買っていった。「あ〜腹減って死にそうだわ」と千円札をポンと置いていったが、きっと今日、汗水垂らして手に入れた前借り金なんだろう。

昔、色々あってこの街に流れ着いた人もいるとは思うが、このようになるべくして底辺労働者になったような人も一定数いる。

不快な気持ちになり、劉君との間に流れるどんよりとした空気を感じていると、午前の仕事が終わり、外出していたK太郎が傘をさして帰ってきた。

私はいまだK太郎とは仕事上の会話しかしていない。お互い女好きでもあるわけだし、男同士仲良くなるならまずは女

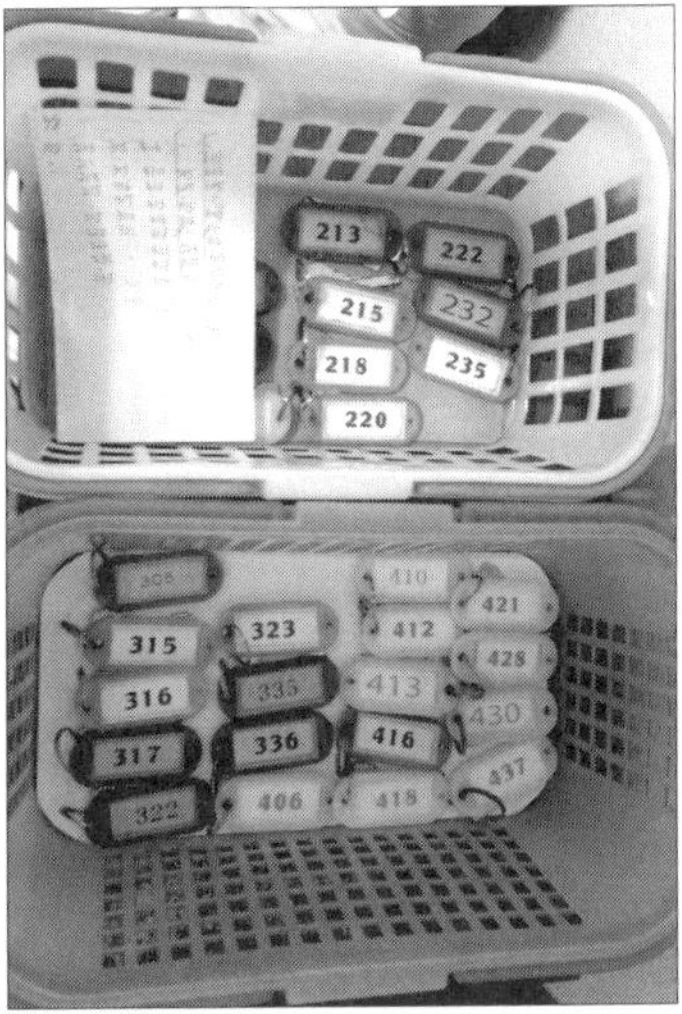

年季が入った客室のカギ

の話だろう。

「K太郎さん、こんな雨の中どこ行ってたんですか？　もしかして飛田新地？　私は若い子よりも妖怪通りの方が好みなんですよねぇ」

　飛田新地には妖怪通りという年増の女性ばかりが身体を売っている通りがある。

「ち、違いますっ！」

　K太郎はそう言うと足早に自室のある四階へ帰ってしまった。K太郎が乗ったエレベーターには監視カメラが付いている。モニターを眺めていると、K太郎は両手で頭を掻きむしっていた。

【五月十五日】スーパー玉出

「お前、K太郎に『飛田新地行ったんですか？』って聞いたやろ？　アイツに近づきたいならいきなりそんなこと言ったら絶対あかんで。お前の言葉でアイツその日一睡もできんかったらしいわ。もう完全に殻に閉じこもってもうた」

仕事が始まるやいなや、皆川さんが私の元に飛んできた。ただ、皆川さんもK太郎のことをおちょくっているので、「少し楽しみができた」くらいの顔をしている。K太郎は私のことを過剰に意識しているようで、その様がおかしくて仕方ないというわけだ。

坂本さんに本のことを言った途端、面白がって色々話してくれたこともあり、南海ホテルの人たちにはすでに本のことは伝えてある。そういうことならK太郎と仲良くなってアイツのことを色々探るといいと皆川さんには逐一言われていたのだ。それにしても飛田新地という言葉を出したくらいで眠れなくなるとは、マンボウのような神経の繊細さだ。私の「飛田新地行ったんですか？」というセリフが一晩中、ぐるぐるぐるぐると頭の中を回り続け、たまらず皆川さんに弱音を吐いたというわけだ。

生活保護の書類がドヤに届き、一部屋ずつ配って回ることになった。一階から三階を中心にノックをして書類を渡していく。私は相変わらずひたすらトイレ掃除だったので、部屋の中を見る機会はなかったのだが、物置状態になっている部屋もあれば布団しかない部屋もある。三畳ほどしかない空間に溜まりに溜まったガラクタが積み上げられている。朝の闇市で暇つぶしに買ったのだろう。わずかに空いたスペースに布団を敷き、その上でカップ焼きそばをすすっている。

何もない部屋は、それはそれで重い気持ちになる。布団の上に仰向けになりながら、何をするわけでもなく、次の受給日まで細々とたいして美味しくもないスーパー玉出の弁当を食べて待つだけだ。

生活保護の中には役所に内緒で現場仕事をしている人間も少なからずいる。さすがに飯場に行ってしまうとバレるので週に三〜四回の現金型の仕事だが、生活保護と合わせれば月に二十万以上の収入になる。特別な申請などしているわけもないのでもちろん違法。生活保護の不正受給ということになり、クズであることに変わりはないのだが、何もせずにただ時計の針が動くのを見ている生活保護と比べると、見ていていい気持ちになるのだから不思議である。

三階の角部屋に行くと、ドアが半分開いていた。テレビからは競馬中継が流れていて、開いた窓の風でカーテンが揺れていた。部屋の中には誰もいない。これで窓の下を見たら人が倒れていた……なんて展開があればまさにこのドヤの雰囲気にはピッタリではあるが、ただキッチンで食器を洗っていただけだった。

【五月二十四日】K太郎

南海ホテルに来て三週間が経ったが、K太郎とは一向に距離が縮まらない。五年前からこのドヤで働いているというが、二十代そこそこの若者があいりんのドヤに住み込みで働く理由とは一体何なのだろうか？

劉君いわく、「K太郎さんは親と喧嘩して家出したらしいですよ」とのことだが、わざわざこんな街に来なくてもバイトであれば仕事はいくらでもあるだろうに。「昔は悪かった」とか「ついクスリに手を出して」といったアウトローな雰囲気は一切なく、十年間引きこもっていたと言われれば納得してしまう。

K太郎の趣味はプロレスと風俗通いだ。風俗の話をしたらアサリのように殻に閉じこもってしまったし、あいにく私はプロレスにはまったくといっていいほど興味がない。フロントにいる時のK太郎はいつも椎名誠の本を読んでいるが、運悪く私は椎名誠の本があまり好きではない。私はK太郎と二人で定食屋の「宮本むなし」に行く仲の皆川さんに救いの手を差し伸べてもらうしかなかった。

「ほらK太郎ちゃん、國友と飯にでも行ったってやれや。こいつ友達がいなくてさみしいんやて」

「K太郎さん、行きましょうよ」

私には週に四回は通い詰めている「甘党・喫茶ハマヤ」という行きつけの店がある。この店の「冷やし白玉ぜんざい」が驚くほど美味い。

「いやです」

K太郎は下を向きながらもはっきりと断った。そして、さすがにマズいと思ったのかよく分からない言い訳を並べ始めた。

「いや、今花粉がすごいじゃないですか。あまり外には出たくないんですよ」

「いつも一人で映画見に行ってるやないか」

皆川さんがK太郎の尻を叩く。

「男二人で食事ってなんか気持ち悪いじゃないですか」

「この前二人でむなし行ったやろ」

素人童貞が言うようなセリフではないよとも思ったが、K太郎は難攻不落の人見知り。二人でデザートを食べに行くにはもう少し時間がかかりそうだ。

【五月二十五日】住所不定無職

南海ホテルには何をして生活しているのか分からない、住所不定無職の長期滞在者が数人いる。一階にいるある男は、服装、髪型などドヤとはそぐわないほどしっかりとしており、成金といった雰囲気まである。

この男は一日中部屋にいるが、毎日午後二時半頃、分厚い封筒が二十枚ほど入った紙袋を持ってどこかへ歩いて行く。本当にそれしかしていない。

K太郎が密かに想いを寄せているという通称〝ブーちゃん〟はその名の通り太った女の子。K太郎は一週間に一回、率先してブーちゃんの部屋に掃除に入っては、一人で十分も二十分も何やら楽しんでいるそうだ。歳は二十代で私も可愛いと思う（私がデブ好きということもあるが）。なぜこんな女性がこんな場所に何ヶ月も住んでいるか本当に分からない。

六階にいる紫色の髪の毛をした通称〝紫のババア〟もよく分からない人間の一人だ。歳は六十を過ぎたくらい。見た目は髪の毛が紫色というだけでれっきとした日本のババアなのだが、国籍がドイツになっている。フロントの劉君に対しては「芸能活動が」などと言っているらしい。

そんな紫のババアは自らのブラジャーやパンティーを五階の共用ベランダに、わざわざドヤスタッフの男たちに見えるように干す。私は「お前セックスしたれや」と皆川さんに言われていたが、ある日こんなことが起きた。

紫のババアが突然私たちにバナナを一本差し入れした。しかもそのバナナは日本ではあまり見ることのないくらいに太く長く大きく反り返った立派なモノ。先端がなぜか濡れていたため、誰も手を付けなかったのだが、市原さんはそのバナナに躊躇なくかぶりついては、「なんだか生臭いな〜」と首をかしげるのであった。

四階にはいつもギターを持って外へ出るイタリア人のミュージシャンがいる。こいつがまさに典型的な伊達男の道を歩む人間で、毎晩のようにその辺で拾った日本人の女を連れ込んではセックスをしている。

こんな三畳一間の、下の階にはシャブ中はじめ日本の最底辺が巣食うドヤで初めて会った男に股を開くのはどんな気持ちなんだろう。まあどんな場所であれセックスはみんな好きなことなのでいいとは思うが、近くで民泊殺人事件が起きたばかりのことである。そんな時期に、毎日のように違う日本人女性が外国人男性に連れ込まれては、アンアンと鳴いていた。

【五月二十六日】西成に染まる

本日、五月二十六日は私の記念すべき二十六回目の誕生日である。小学四年生の私が道徳の時間に発表した夢の通りになっていれば、今頃西武ライオンズの不動の一番バッターとして、松井稼頭央の後継者となっていたはずなのだが……。現実は西成のドヤ住まいである。

そんなことはさておき、ここ西成区あいりん地区には〝西成に染まる〟という言葉がある。

この街に来てすでに二ヶ月近くが経った。私もだいぶ西成に染まってきたようだ。

偶然にもフロントの劉君と誕生日が一緒であり、始業前に二人で「おめでとう」と言い合った。K太郎とは違い社交的な劉君。歳が近いこともあり、だいぶ打ち解けてきた。その会話を聞いた市原さんが休憩中にコーヒーをおごってくれた。この人は顔に似合わずこういった優しいところがある。

「なんやお前、誕生日なんか。K太郎さんは去年の誕生日、一人でさみしくオナニーしとったらしいぞ。お前は祝ってくれる女おるんか？」

「ええ、これでも私、東京に彼女いるんですよ」

「またまたぁ、こんな街にいる男に彼女なんていてるわけないやろ！」

市原さんのようにこういったツッコミをしてくれるということは、それはすなわち信じているということの裏返しである。本を書くということも、七年ほど格闘技をたしなんでおり見かけによらず結構強いということも、昔セフレが三人くらいいたという話も、すべてそこいじられたが、それは「お前のことは信じているよ」ということなのである。

「俺だってこんなこと言ったところでね、この街で信じてもらえるとは到底思っていないですよ。飯場でも色々聞かれたので正直に答えましたが、『俺、何言ってんだろう』って途中からバカバカしくなりましたよ。そんなこと言ったところで誰も信じるわけがないじゃないですか」

「そうや、西成ではそうなんや。お前もだいぶ西成に染まってきたんちゃうか?」

相当お金がないのか、毎日カップ麺しか食べない皆川さんがどん兵衛をすすりながらニヤニヤしている。

この街にいる〝昔何をしたか分からないが今はあいりんにいる男たち〟はそれぞれ「私はこういう体《てい》で生きています」という設定がある。飯場の証券マンの場合は少々行きすぎているが、それぞれこういった生き方をしてきてこういう経歴で、といった設定を自分の中に作っているのだ。そのため自分のことを相手に話したところで、「ああ、あなたはそういう体で生きているんですね」と思われるだけ。「本当か?」「アイツ嘘ついているやろ」と疑問に思う意味などないということなのである。周りの人間がみんな〝体〟で生きているので、嘘をついているという自覚も次第になくなっていき、その設定が身体に染み付き、当たり前のようにたわごとを言うようになる。

おそらく証券マンの場合は、まだ西成に染まり始めたばかりなのだろう。〝体〟がまだ染み付いていないため、「日大鶴ヶ丘高校でサードを守っていた」など突如設定にないことを言ってしまったり、動揺が見え隠れしたりするのだ。

しかしながら、証券マンに対して「嘘ばっかりだな」と思っていたのは私だけであり、周

ホテルの屋上から夜の通天閣を眺める

りの人間はやはり「そういう体で生きているんですね」といった風に見ていただけなのである。

この街にいると人と本音で話すことが、意味のない無駄な時間だと感じるようになり、次第に人との関わりを避けるようになっていく。

翌日の夕方、フロント番であった私は外へゴミを捨てに行った。すると現場終わりで泥だらけになった証券マンが南海ホテルの前を歩いていた。

「おお、萌。本当に南海で働いてるんだ」

どうやら坂本さんが言いふらしているらしい。おそらく本のことも言いふらしているのだろう。私もそういう体で生きている人間だとみんなに思われているはずだ。

「あれ、シバさんGWが終わったら証券会社に戻るって言っていたじゃないですか」

「いやー、社長に頭下げてさ、また有休延ばしてもらったんだよ。来週には帰る予定だよ。萌はいつまで西成にいる予定だい？」

南海ホテルに入ってまだ三週間程度ではあるが、すでにこの仕事に嫌気がさしていた。国民の税金で生きている生活保護の体たらくに付き合っている暇などない。だからといって今すぐ西成を出るのは名残惜しく、私は帰るタイミングを見失っていたのだ。しかし、そんなことを証券マンに説明したところで一体どうするのだと、話す気も失せてきた。

「さあ……来週あたりには」

お互いにそんなことを言いながら、三週間後の土曜日も私はいつものようにS建設の前で坂本さんを待ち伏せしては、バンから降りてきたヘルメットで髪の毛が固まった証券マンに対して「あ、まだいたんすね」と声を掛けるのであった。

【五月二十八日】南海ホテルの日常

もう一人の台湾人スタッフ陳さんから、この日私は衝撃的な事実を聞くことになる。なんでも今は南海ホテルの経営する銭湯で番台をしている前支配人であるおばちゃんいわく、リンゼイ・アン・ホーカーさん殺害事件で逃亡中の市橋達也が、我らが南海ホテルに宿泊していたというのである。

「そう、ニュースを見た時にどこかで見たことあるなあって思ったんだけど、南海に泊まっていたのよね」

もちろん宿泊時は偽名を使っていたとはいうが、たしかに市橋だったそうだ。私も市橋の手記は読んだが、「西成は汚くて住めたもんじゃない」というようなことを言っていた。だからこのあいりんでは四つ星ホテルと呼ばれる一流高級ホテル南海を選んだのだろう。

ちなみに陳さんは南海ホテルに来てすでに十年近く経つという大ベテラン。他にも犯罪者まがいというか、犯罪者はいっぱいこのホテルに泊まっていたそうだ。

「ある日警察官が数人いきなりホテルに入ってきてね、『この男はいないか』って写真を見せるわけ。ドラマみたいでしょ。そしたらその写真の男が普通に知っている顔なわけ。結構いい人で何回かお話もしてたんですよ。でもその男、九州の連続空き巣事件で指名手配がかかっているらしく、『いますいます！　あの部屋に泊まってます！』て興奮気味に言ったんですよ。そのまま連行されたんですが、去り際にフロントに『お世話になりました』だって」

その男は刑務所から南海ホテルに手紙を送り続け、出所後は律義に手土産を持ってフロントまで挨拶をしに来たらしい。

部屋から使用済みの注射器が出てきた二一五のように、ドヤにおける覚せい剤ネタはラブホテルの部屋にウンコが盛られていたという清掃員の話くらいの鉄板話。隣の部屋から断末魔の叫びのような悲鳴が聞こえたという客が見に行くと、垂れ流し状態のオヤジが気を失っていた。布団の上には注射器が四本。オーバードーズで三途の川の岸に打ち上げられていたという話。

また別の日は、陳さんがフロントにいると一階の階段あたりから「グエエエエッ」という声が聞こえ、走って向かうと、踊り場に泡を吹いたオヤジが全身を痙攣させながら倒れていた。「大丈夫ですか!?」と駆け寄った陳さんに対しオヤジは「頼む、頼む……」と続けてこう言った。

「頼むから救急車だけは呼ばないでくれ……」

「それで陳さんどうしたんですか?」

「いや、救急車呼ぶでしょ」

そしてオヤジは覚醒剤取締法違反の罪で、刑務所に連れて行かれたのであった。やはりドポン中の人間を目の当たりにするのは気分のいいことではないというが、そんな陳さんでも「これは笑うしかなかった」という経験がある。

ホテルのエレベーターが故障し、業者に修理してもらった時のこと。業者がエレベーターの下に潜ったところ、そこからおびただしい数の使用済み注射器がごっそり出てきてしまったらしい。シャブ中たちが揃いも揃って、エレベーターの隙間から注射器を落とし続けていたというわけだ。

「あとは病気で人が死んでいるなんてこともたまにありますよ。酔っぱらって帰ってきたオヤジがフロントで転んで頭を打ったんです。『大丈夫や』って部屋に戻ったけど、そのまま死んじゃった。全然部屋から出てこないからマスターキーで中に入ると、身体はベッド、頭は床という体勢で倒れてたの。触ると常温の水くらいの冷たさで救急車呼んだんだけど、袋に詰めて持って行かれちゃった」

という風に人が目の前で死んでいても至って冷静な陳さんではあるが、さらに冷静だったのはK太郎だったという。

当時和室よりも寮費が高い洋室に住んでいたK太郎。和室で人が

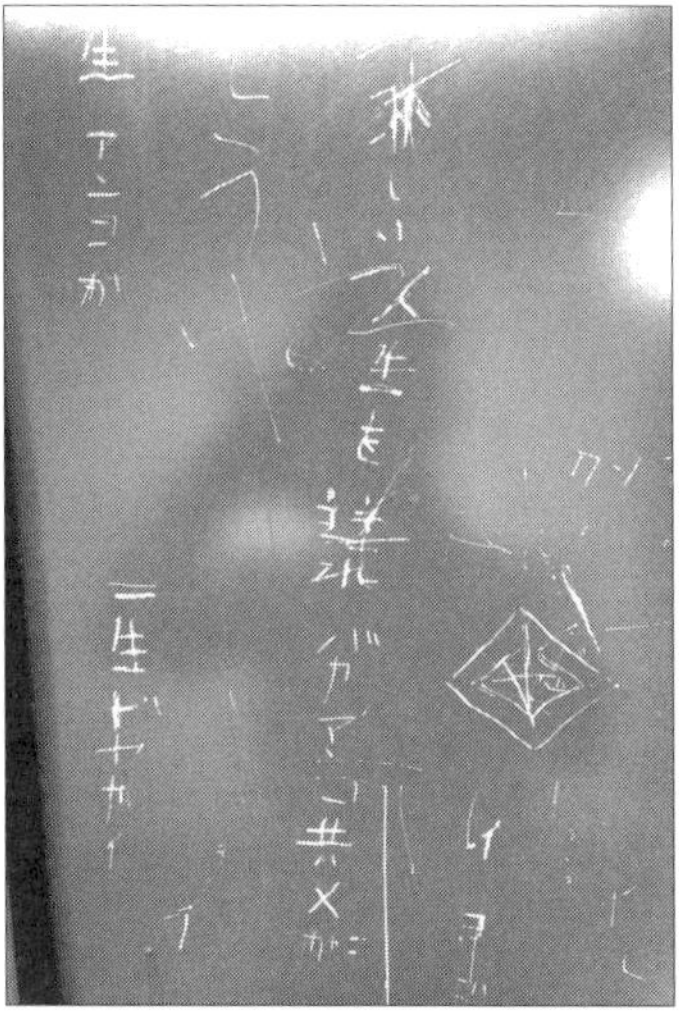

南海ホテルのエレベーターに彫られた落書き。「アンコ」とは日雇い労働者のことを指す

死んだ次の日に、「洋室高いのでその部屋に移っていいですか?」とマジで言っていたらしい。それにはドヤスタッフ一同、ドン引き。

そういったこともあって、K太郎はいつか突然人を殺してしまうのではないかという噂が流れるようになったのだった。

【五月三十一日】露天商のオヤジ

シャブ中のオヤジが泡を吹いて倒れていた南海ホテル一階の踊り場には、いらなくなった本や雑誌、壊れかけの時計や客が部屋に置いていったガラクタがまとめて保管してある。なぜゴミとして出さないかというと、「あれ持って行ってええ?」と毎週のように南海ホテルに通っているおじいちゃんがいるからである。もちろん南海ホテルはタダでガラクタたちを譲り渡すわけではあるが、なぜそんなガラクタを集めるのか。

それはそのおじいちゃんが土日の早朝に開かれるあいりん地区の一大観光地「朝の闇市」で、そのガラクタを売り捌くからに他ならない。露天商に仕入れ先を尋ねると、「俺だけが知っている独自ルートがあるんや」「それをお前さんが知ることは一生不可能や」など、まるで貿易商やスパイみたいなことを言うが、ミソは大したことはない。

しかし、ガラクタを荷台いっぱいに積み上げ、城のような自転車を「ヒュルリラ、ヒュルリラ〜」と口笛を吹きながらフラフラと去っていくおじいちゃんの後ろ姿は、電子レンジでスーパー玉出の弁当を温める生活保護の後ろ姿と比べれば、何倍もたくましく、力強く、生気に満ち溢れているのであった。

【六月七日】K太郎が私を嫌う理由

南海ホテルに来て約一ヶ月。計十五回ほどK太郎を飯に誘ったり、映画に誘ったり、風俗に誘ったり（なんなら飛田新地一回分、自分が出すとまで言った）したが、一度も外に連れ出すことができなかった。一体、何の理由があってこんな街のこんなドヤで、日給五千五百円を握りしめて生きているのか。結局、本当のところは二人でカラオケに行く仲である皆川さんでも分からないらしい。

「アイツがお前を嫌っている理由は劣等感や。小さい頃からいじめられて、ずっと何かから逃げてきた人生や。でもここにいれば自分が一番若くて、形だけでもチヤホヤされる。まだ若いからと甘い目で見られるんや。居心地がええんやろ。そこにやってきたのがお前や。しかも本を書くために西成へ来たときた。そして自分よりも若い。K太郎にとっては自分の立場を脅かす存在でしかないやろ。

もしお前が、高卒で就職もせずフラフラして、ネットカフェを転々として、どうしようもなくなって西成に来たような人間だったら、間違いなく仲良くするやろうな。そういう人間やねん。いじめてきた人間も悪いが、アイツはそういう人間でこれからもずっとそういう人間として生きていくしかないねん。アイツだってこのまま西成にいてもどうしようもないって分かっているはずや。試しに一回アイツに言うてん。『國友は目的があって西成に来ているが、お前は違うな』って。アイツ下を向いて黙っとったで。

お前はこれから西成の本を書くんやろ？　その本で有名な作家になって、K太郎のことや俺らのことや西成のことなんてさっさと忘れて次に進め。お前も自分がどうなるか分からないって不安があるのも理解できるが、お前にはこの街にいる人間と違って未来があるんや。とにかく頑張り」

思い切ってK太郎に「なぜ西成にいるのか？」と単刀直入に聞いてみた。

「もう本当にあなたって人はうっとうしい方ですね。ああ面倒くさい。ここに来るような人間はね、誰だってスネに傷の一つはあるんですよ。そんなこといちいち聞かないでくださいよ！」

あいりん地区は〝行き場を失った人々が集まる場所〟と揶揄されることが多い。私はまだここに来るような人間ではなかったということだろうか。そしてここに来るような人間にならないように精進していくことができるということか。迂闊に足を踏み入れるべきではなかったのかもしれない。

【六月九日】生活保護は犬のよう

今日も明日も明後日も、生活保護の人たちは布団の上にぺしゃりと座り、くだらないテレビを眺めては横になり、飯を食べてクソをして、ただただ漫然と一日を過ごしている。私は今日も生活保護の身体から出たスーパー玉出の弁当でできたクソがこびりついた便器をブラシでこすっている。バカじゃねえか。俺はなんのために働いている？　なんのために生きている？　こいつらのクソをこするため？　フロントの少年兵がスーパー玉出の袋を持って帰ってきた生活保護を見て、私と同じ顔をしている。

「俺、なんかバカバカしくなってきました。生活保護の人たち、自分で金払って生活してるんだみたいな顔するじゃないですか。自分なりに頑張ってきていまはこうやって生きているんだみたいな顔するじゃないですか。違いますよね？　すべて国民の税金ですよね？」

私は少年兵に溜まった想いをぶつけた。

「そうや、その通りや。アイツらの金やない。大阪市民の税金なんや。昨日な、ホテルが停電したんや。そしたらアイツら『早く直せ』『こっちは金払ってるんやぞ』やて。いや、お前らの金じゃないやん。全部、国民の税金やん。ホンマ、アホちゃうか。お前らが三十分電気を使えないことが、お前らのその人生に何の影響を与えるっていうねん」

すべての生活保護受給者がそうであるわけではない。どうしてもやむを得ない理由で生活保護費を受け取り、一日でも早く自立できるように前を向いている人々ももちろんいる。年老いたものの貯蓄もなく、生活保護でなんとか暮らしている人もいる。しかし、バンコクのヤワラートにいる観光客と、パリのシャンゼリゼ通りにいる観光客が違う生き物であるように、あいりんの生活保護は種類が違う。南海ホテルにいる生活保護を見ていると、私はイーグルスの『Hotel California』を思い出す。

ようこそ南海ホテルへ。南海ホテルにはたくさんの部屋があります。月十二万の生活保護の中から、四万ばかりの金を出せば、あなたはいつまでもここにいることができます。残ったわずかばかりの金でスーパー玉出の弁当を食べ、大好きなギャンブルもできます。他には何もする必要がありません。何もせずに次の受給日までただ寝ているだけで構いません。でもその代わりに、あなたは死ぬまでこの南海ホテルから出ることはできません。

あいりんの生活保護は、のうのうと自由に生きているわけでもなければ、喘ぎ苦しんで生きているわけでもない。彼らは鎖に繋がれた犬のようだ。南海ホテルという杭に繋がれ、あいりん地区という檻の中で吠えている。南海ホテルの入り口に立ち、通りを見渡す。「生活保護は保護にならん！」と犬が吠えていた。銀ジャージの男が下校途中の小学生の列の間を自転車ですり抜けた。もうやめだ。私は翌日、南海ホテルを辞めた。

第五章　西成の男たち

いる。

社会からドロップアウトした男

「アホ！　金は使うためにあるんやろうが」

宮崎さんがせっかくS建設からもらった三万円を次々と梅田のパチンコ台に投入し続けている。

「まだまだや。負けるまでやるんや！」

宮崎さんは十日間飯場に入り、残った金で二日ほど好きなだけ遊び、また飯場に入るという生活を続けているが、今はまさにその二日間の真っただ中である。私はすでにS建設を辞めているがその後も関係は続いていた。宮崎さんは昨日、十日間の契約が終わり、今日から晴れて自由の身というわけだ。

朝の九時に梅田駅前で合流すると、真っ先にボートピアに直行。そこで数千円の券を購入し、やよい軒で腹ごしらえ。タダで食べられる漬物で白飯を三杯、二人で計六杯の白飯を食らう。十時にパチンコ店に入り、昼頃になると私が待っていた（私はパチンコをやったことがない）休憩室に額に汗をかいた宮崎さんが走ってやってきた。

「ほら、七千円勝ったぞ！　見たか！　今から寿司に連れて行ってやる」

宮崎さんはお金を消費することに依存してしまっているようだ。あればあるだけ使ってしまう

私たちは近くの回らない寿司屋で寿司をたらふく食い、ぶりかま焼き二つに生ビールも計五杯注文。

会計は七千円を軽く超えていたが、「バカ、このために十日間働いたんや」と、宮崎さんがすべて払った。

そして再びパチンコ店に戻り、休むことなく夜まで打ち続けた。ラーメンを食べ、サウナ大東洋で汗を流し仮眠室で睡眠を取る。宮崎さんは風呂上がりにもビールを二杯飲み、つまみも適当に頼み、朝になると三万円あった所持金はすでに一万円を切っていた。

「やっぱ負けちゃいましたね」

朝、眠い目をこすりながら私は宮崎さんに話しかけた。

「でも今日また勝つからな。大丈夫や、きっと大丈夫や」

「ダメだったらまたS建設行くんですか?」

「……」

急に現実的な顔になった宮崎さんは、「またな」と言いながら再びボートピアに入っていった。結局この日のうちに金はほとんど底をつき、宮崎さんはまたS建設の飯場に駆け込んだのであった。

それから約一ヶ月後、日にち的に、今頃また梅田にいるであろう宮崎さんに電話をかけた。宮崎さんの携帯電話はお金を払っていないのか、電話に出ることはできても人にかけることはできない。そのため、私は定期的に安否確認を取っている。

「宮崎さん、今どこですか?　梅田ですか?」

「違う、枚方や」

「枚方?　なんでまたそんなところに」

「まああの後色々あってな、枚方で生活保護を受けることになったんや。お前まだ西成か?今度家まで遊びこい」

後日、私は枚方市駅からバスで一時間近く進んだ山奥にある宮崎さんの新居に向かった。

宮崎さんが引っ越した枚方の山奥にある家。周りには本当に何もない

バス停の目の前にあるアパートはどこにでもあるような田舎の団地といった雰囲気だ。後ろには森が広がり、虫の声が聞こえる。

電話で教えてもらった二階の部屋のインターホンを押すと、中から「開いてるぞー」と声が聞こえた。中に入ると、宮崎さんが介護用ベッドに寝転びながら、ダンボールの上に置いてあるテレビを眺めていた。部屋には他に何もない。

「おお、よう来たな」

「なんですかこのベッドは。どこか身体悪いんですか？」

「いや腰はいつも痛いけどな。生活保護やから勝手に付いてくるんや」

いつものようにギャンブルで金をすった

宮崎さんは、梅田駅前で手配師に声をかけられ滋賀の飯場に行くことになった。なぜS建設に戻らなかったのか。たいして理由はない。声をかけた手配師がたまたま滋賀の人間だったというだけである。

しかしこの飯場がうんざりするくらいに低劣だった。S建設のようにヤクザの莫大な資金で建設した光輝くビルではなく、数年前に潰れた廃旅館。個室といっておきながら部屋はふすまで仕切られているだけで、壁は土でできている。朝飯は生卵と白飯だけ。かろうじて夜は出るものの、ヨボヨボのじじいが作ったくっさい弁当。しかも食堂は床まで土だった。

肝心の仕事は入寮してから六日間休みで、七日目に行った一軒家の解体現場は人出も足りず、かなりハード。その後も三日休みが続いた挙句、「寮費と前借りで五万の借金ができているぞ」と知らされた宮崎さん。十日間でパンパンに膨らんだ風船はパンッと一瞬で割れ、暴れまわり、大阪までの交通費だけぶん取って寮を蹴り飛ばしてきたらしい。

しかし再び梅田駅に着いた宮崎さんの財布にあったのはわずか数十円。S建設に戻ろうかと考えたものの、電車賃だけでも梅田から動物園前まで二百三十円かかる。フクシマで拾ったガラクタを売ろうとするも、全部で数円にしかならなかった。「いよいよだな」と途方に暮れていたところに「おっちゃん、もう疲れたやろ?」と声を掛けられ、全身の力が一気にスッと抜けてしまい、業者に言われるがままに枚方にやってきたというわけだ。

「一回目の保護が下りるのは二週間後や。月曜になると、現金四千円と米が業者から配られるんや。アメリカ米やけどな。西成もそうやけど、枚方はさらに生活保護が下りやすいんやって。俺は特に病院にかかってないけど、月に十二万八千円。ここの家賃は三万八千円。手元には九万も残るから、ギャンブルだってなんだってできる。就職活動も何もせんでいいんだって。業者が上手いことやってくれるらしいな」

自立して社会復帰を目指す以上、受けている保護の種類にもよるが就職活動は義務付けられている。働かなくても金がもらえるので、わざと面接に落ち続けるという（面接中ひと言も喋らないなど）輩が多いそうだが、宮崎さんはその必要もないらしい。

しかし、生活保護を受けながら現金型の仕事も週に三回ほどやるつもりだという。もちろん違法ではあるが、南海ホテルを見ている私はちょっとだけ安心した。とはいっても、介護用ベッドの上にいる宮崎さんの顔には「尼崎オレンジモール」で見せていた覇気はもうない。つい先日まで重いポスト（建地と呼ばれる金属の棒）を肩に抱えていたというのに、今は足元すらおぼつかない。絵に描いたようなドロップアウトだ。

「その業者大丈夫なんですか？　それだけ色々やってくれて家賃代だけしか取られないなんてにわかに信じがたいですよ。受給日当日になって半分以上ピンハネされるのがオチですよ」

「何を言っているんや。これでも俺は元ヤクザやぞ？　騙されてたまるかよ。それにそんな

2日で7円では死んでしまうので、1,000円札をあげた。おそらくビールを買って1日で使ってしまうだろう

時代はもう終わったんや。貧困ビジネスやろ？　もう淘汰されているって話や」

四千円が配られる月曜まであと二日もあるのに、宮崎さんの全財産は七円だった。

私は千円を手渡し、一緒に帰りのバス停へと向かった。こんな山奥に独りで一体何をして生きていくというのか？　外にはコンビニが一軒だけポツンと建っているだけだ。

「これから毎日暇じゃないですか？」

「解体現場行くよりかは一日テレビ見とる方がいいやろ」

宮崎さんは飲酒運転で免許をはく奪されているので、交通手段はバスしかない。現金型の仕事をするにもバスで枚方市駅まで行かなければならない。結局億劫になって部屋から一歩も動かない生活になってしまうだろう。

それから何回か連絡はしていたのだが、生活保護が下りる予定の日から一切連絡がつかなくなった。心配になりもう一度枚方へ行った。インターホンを押しても誰も出ない。ベランダには宮崎さんのモノではない別の人間の服が干してあった。もう一度電話をしたが、やはり宮崎さんは出なかった。

ドポン中の男

GWで現場が休みということでかっちゃんに呼び出された。仕事もなければ金もないあいりんの労働者はとにかく時間だけはある。かといってドカタ同士で遊ぶ気にもならないので、私に連絡をくれたのだろう。

S建設の部屋にいるかっちゃんはガラケーを開いては閉じ開いては閉じを繰り返していた。どうやら想いを寄せている女に電話をかけても、時間差のメールしか返ってこないらしい。

「メールが来るっちゅうことは少しくらい気があるんやろか？　ちょっとこれ見てみてや」

かっちゃんがパカッと携帯電話を開くとチロリーンと音が鳴った。女は電車に乗っていて電話に出られなかったと言っている。

「だったら電車降りた後に電話してきてもいいと思わんか？　なんでやろ。まあメールくれるだけええよな。なんも気がなかったらメールなんてせえへんやろ。きっと俺のことが好きなんや。この前店でな、『かっちゃんのところから離れたくない～』とかいうねん。俺めったにこの店行かないんやで。言うたら俺は社長でもなんでもないやろ。十万も二十万も使ってくれるなら上手いこと利用しようと思うやろけど、言ったって俺金ないやろ。使っても一万や二万や。それでも無理しないで来られるときに来てって言ってくれるねん。やっぱこれ、脈あるんかな？」

「あるんじゃないですかね」

　かっちゃんが想いを寄せている女は十三のキャバクラで働いている。三人の子どもがいるが旦那は現在お勤め中。もちろん会社ではなく刑務所である。子どもをなんとか養うために夜の仕事をしているのだろう。

「アイツな、かっちゃんのこといろいろ聞いてくるねん。やっぱ脈ないと、こんなに俺のこと探ってこないよな？」

「お金の関係ばかりで嫌になってきてるんですよきっと。だからお金で繋がっているわけじゃない青山さんに好意があるんじゃないですか」

「あ～アイツそういうタイプか。そっか、そういうことか」

「さみしいんじゃないですか」

「さみしいんか。俺の顔見るとな、ニコ～笑いよるねんいつも。脈あんのかな？　自分なりにな、たまにそう思う時があるねん。こいつひょっとして俺に気があるんかなって。そんで電話したらメールはくるしな。どうでもいい男ならメールせえへんやろ？」

脈があるのだと自分に言い聞かせているようにも見えるが、私の適当な返しでもみるみるうちに表情が明るくなっていく。

「ちょっとこのメール見てくれる？」

かっちゃんが一週間ほど前に受け取ったメールには、「かっちゃんも頑張ってね。私も頑張るよ」と書いてあった。

「これ店に来てくれって言うとるわけじゃないやろ？　かっちゃん頑張ってやって。やっぱり気持ちはあるんかな？」

「これは営業メールではないですよ」

「あ、いまのは営業じゃないんや。やっぱりそう思う？　ひょっとしたらもう一回電話して欲しくて待っとるんかな？　恥ずかしいからメールにしてんのかな？」

小一時間ほど外で酒を飲み、再びかっちゃんの部屋へと戻ってきた。相変わらず女からの着信はない。

「やっぱり電話かかってけえへん。いや、女って分からんな。分からん」

五分ほど沈黙が続き、突然女から折り返しの電話がかかってきた。

「もしもし、かっちゃん。分かりまっか？　あ、そうなんや。子どもの送り迎えしてたんか。

そら、しゃあない。まだ店辞めてないやろ？　そんならかっちゃん、ちょこちょこ行くわ。ちょこちょこやけどな。いや、無理はしまへんわ、かっちゃんは。あのな、かっちゃんの友達が隣におるねん。ちょっと替わるわ」

電話越しに聞いた女の声はとても迷惑そうだった。かっちゃん自身も分かっているはずだ。子どもが三人もいるシングルマザー同然の女が、前科九犯で西成の飯場住みのかっちゃんに振り向くわけがない。そりゃお客さんだから、はじめは相手にしていたけど、途中でお金がないことが分かり、関係をフェードアウトしようとしているのだ。「明日からまたオレンジモールや」と女に話しているところは好感が持てるが、正直者だからといって土工じゃどうにもならない。

「こいつまだ若いねん。ちょっと面倒見たってんねん。メシ食いに連れて行ったりな。まあまあそういうところも結構かっちゃんあるねん。じゃあ、毎日せえへんけど、ちょこちょこ電話しますわ。店も行かしてもらいますさかいに。そういうことで」

かっちゃんはちょっと名残惜しそうに画面を見つめながら電話を切った。

「ほら、やっぱ脈はあるやろ？　かっちゃんこれでスッとしたわ」

かっちゃんとの飯は基本的には私持ちではあったが、私もホッとした。

「そやけど、兄ちゃんも若いから頑張れよ。俺はヤクザもやったし覚せい剤もやったし、色んな経験してきた。でもこれだけは言うとく。シャブやったらホンマ人間終わってまうで。兄ちゃんは日銭をつかんで、それをコツコツ貯めて、その金を頭を使って増やすんや。宮崎のおっさんみたいになったらいかんで。まあ、あのおっさんはあのおっさんでその道で生きとるんやからええんやけど。國やんはドカタするタイプちゃうやろ」

「そうですね、向いてないです」

「そうやろ。俺も悪いけど向いてないと思うわ」

かっちゃんは笑いながら言った。現場での私といえば、鈍くさくて覚えが悪くてのろまなデキない奴だった。頭を使う職業とドカタのどちらが上か、という問題ではない。とにかく私はドカタには向いていなかった。笑ってしまうくらいに向いていなかった。

「まあ、そんなことは気にせんでええ。兄ちゃんは頭活かして、捕まらんようにうまいこと金儲けせえ。こんなな、S建設にいるような奴らになったらあかんでホンマ。もちろん俺も含めての話やで。これだけは言うとく、覚せい剤だけは手出したらあかんで。ドポン中の本人が言っとるんや。間違いないやろ?」

女からの電話ですっかり機嫌の良くなったかっちゃんは、「美味いお好み焼き屋があるねん。好きなだけおごったるわ」と意気揚々と飯場を出た。店の名前は「ちとせ」といったが、ちょうどこの日はGWで休みだった。仕方なく適当な中華料理屋で飯を済ませ、次の日曜日にまた「ちとせ」に行くことになった。

かっちゃんは覚せい剤の影響か、予定の確認の電話を死ぬほどかけてくる。今回も毎日のように、「来週の日曜ちとせやで」と電話をかけてきたが、三日前あたりからパタリと連絡が途絶えた。当日、何度もかっちゃんに電話をするも繋がらない。飯場からも突然いなくなったらしい。坂本さんいわく、「十回目のお勤めに行ったんやろ」とのことだ。私はそこまで気にならなかったが、かっちゃんは誰がどう見ても現在進行形のドポン中だったらしい。

口を開けば覚せい剤の話しかしないかっちゃんであったが、今ではあの「ドポン中や！」という声が懐かしく思える。

産廃業者で働く刺青だらけの男

京都の桂川で英丸君に会った。坂本さんから教えてもらった『F興業』の話を聞くためだ。F興業は産業廃棄物処理と解体を主に行っている会社で、場所は京都のとある部落地域の中にある。

周りの業者はコリア系・朝鮮系が多いというが、F興業は社長が中国人。従業員も八割程度が中国人である。そんなF興業に英丸君は三年間勤めていた。

「あの会社はな、叩き上げの中国人が作ったってだけで別にヤクザとは直接的に関係しているわけではないんや。まあ問題は数え切れないくらい起こしてるから、会社の名前はコロコロ変わってるけどな。不法投棄なんてザラや。そこまで大規模にはやってへんけど会社の近くの山にそういう場所がある。特別な届け出をしていたりしていなかったりで、まあグレーゾーンってところやな」

ただF興業の真価はそのユルすぎる社風にある。中国人特有の大胆な性格のせいだろうか、全国で死亡事故も多発している解体現場であるが、そんな危険と隣り合わせの現場にも関わらず、サークルみたいなノリで仕事をしているらしい。

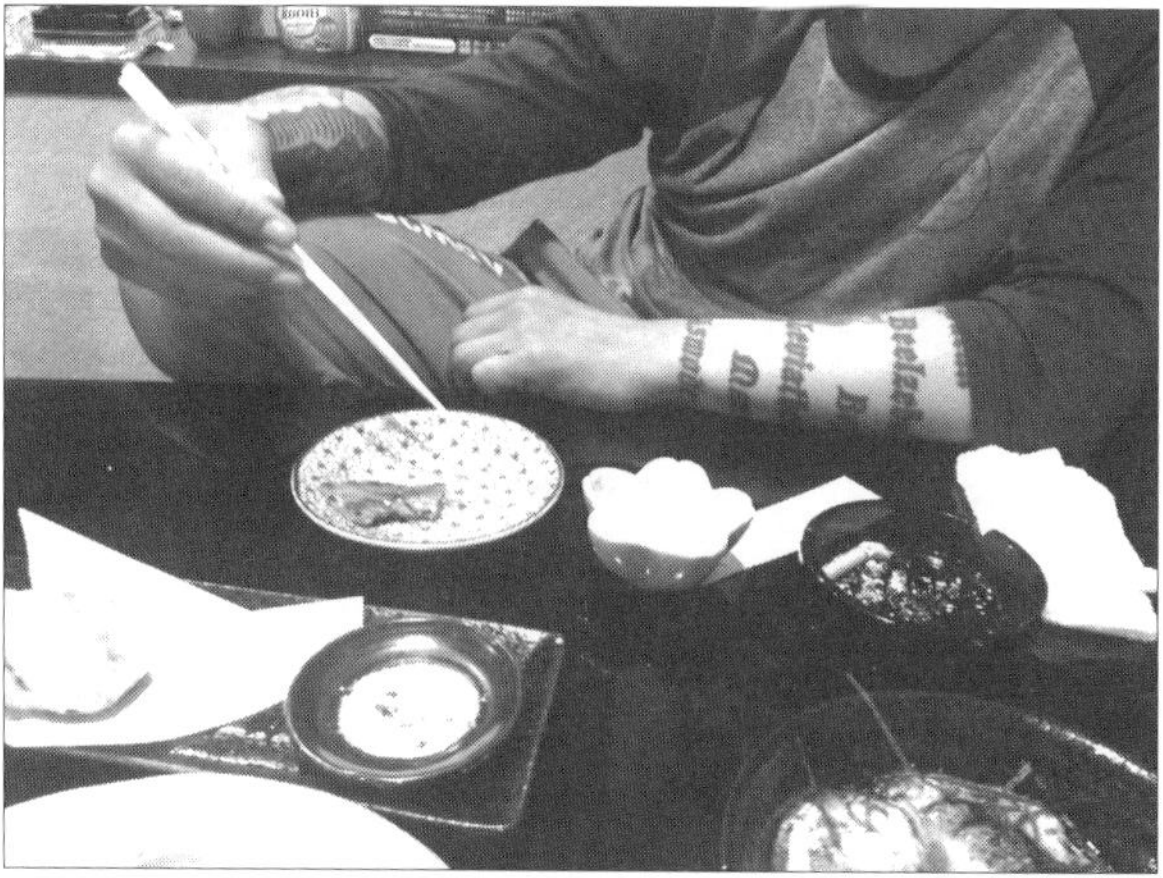

部落地域にある産廃業者出身の英丸君。ビールを３杯飲んだのに、車で帰って行ってしまった

　尼崎オレンジモールでは安全帯の取り付けに関しては口酸っぱく言われてきた（それでも付けていない人はいたが）。

　地上六階建ての施設内部には大きな開口部があり、その穴を使ってそれぞれの階から一階に廃材が入ったトン袋を落としていく。

　もちろんこの開口部周りには手すりが設置され、付近での作業においては安全帯の着用が義務付けられている。

　しかしＦ興業の現場ではそんな手すりなどあるわけもなく、その穴から社員や下請けの土工がフラっと落下しては即死なんて事件がよくあったらしい。

　安全対策などほぼないに等しいので、誰かがその穴に突き落としたところで、事件か事故かなど分かったものではないのだ。

そんなF興業である日こんな事故が起きた。

「俺が地方に出張に行っている時にな、同僚の日本人から電話が来たんや。『やってもうた』って声が震えとった」

「坂本さんからチラッと聞きました。手元の首がチョン切れたんですよね」

F興業の社員である日本人がユンボを運転中、手元をしていた下請け業者『U建設』のおっさんの首を誤ってつまんでしまい、即死。トン袋をつまみ上げようとしたところ、首だけがチョン切れて持ち上がってしまった。

その運転手は、そのときばかりは憔悴しきっていたものの、警察の取り調べなどを終え、一週間も経たないうちに現場に復帰。今でもユンボを運転しているという。そんな事故があってもF興業は変わらず〝解体サークル〟だったそうだ。おそらくF興業のような業者がたまにニュースで報道されている凄惨な事故を起こしているのだろう。

「そいつとは今でも会うんやけどな、しゃあなかったとしか思えないんや。その手元やっとったおっさんも頭おかしかったからな。『トイレ行きたい』言うから、行け言うとるのに行かへんのや。そんでクソまみれの作業着で仕事しとるとかな。そいつは賽銭泥棒で刑務所に入っとったんやけど、その下請けのU建設がまた面白いんや」

U建設はいわゆる更生施設であり、刑務所から出てきた人間を積極的に引っ張ってくるらしい。そのためほぼ全員が前科者で新人には「何で入ってたん？」と聞くのが恒例。当然ながらシャブ中の人間も多く、仕事中にシャブ打っているオヤジもいたそうだ。他にも現役のヤクザが、シノギが上がらずにバイトに来ていたことも。そのヤクザは銀行口座を作って喜んでいたところ一発でバレ、詐欺罪でパクられていったそうだが。

「解体や産廃っちゅうのはそういう世界やからな。仕事中にシャブやっとる人間なんてゴロゴロおるで。俺がまだ手元やっとった頃やけどな、ユンボ運転している上司がシャブ中なんや。運転席で注射器引っ張り出してシャブ打っとったな」

同じく手元をやっていた身として耳を疑うような話ではあるが、「そんなに驚くことやない」と英丸君は言う。もしかするとあの時、ケンイチ君もシャブを打ちながらユンボを運転し、手元が三人くらいに見えていたのではないかと思うとゾッとした。

英丸君は全身に刺青が入ってはいるものの、現場を離れれば見た目は気のいいお兄さんといった感じである。なぜそんな英丸君がF興業であったり、ヤクザ経営である今の会社にいたりするのだろうか。

「尼崎オレンジモールもおかしい人間はたくさんいましたが、英丸さんはまともじゃないですか。なんであんなヤクザ会社にいるのか分からないですよ」

「俺、まともに見えるか？　たしかに今はまともになったが、ある程度はやってきたで」覚せい剤は当然やっているとして、英丸君はクスリの売人、強盗、強姦など「なんで捕まっていないか分からない」くらいの犯罪をしてきたらしい。出会い系サイトで女を釣って、複数で強姦したらしいが、捕まっていたら余罪も含めかなりの罪になるだろう。まあ英丸君はそろそろ四十歳になるのですでに時効ということにはなるのだが。

英丸君の場合、かっちゃんとは違って覚せい剤はすぐに止められたらしい。

「青山みたいに打っちゃうと行くとこまで行ってまうけど、俺みたいにあぶりまでにしておけば、簡単に止められるで。まあ、やらんに越したことはないからお前はやるな」

世の中では覚せい剤を使ったらみんなかっちゃんみたいになる、というイメージが浸透しているが、それは大きな間違いであるらしい。どっぷり浸かると人間終わってしまうのは事実のようだが、ほどほどにコントロールしながら覚せい剤と付き合っている人間もいる。そんなことを英丸君は言っていた。まあどちらにせよ、英丸君やかっちゃんをはじめ、シャブの売人にまで「やらない方がいい」と言われた私はやる気にならないのだが。

坂本さんが言っていた、「会社の前のクレーンに犬がぶら下がっている」噂に関しては半分ウソだが半分本当だった。

仕事を終えた中国人たちが山に狩りに行き、イノシシや鹿を捕まえてきてはクレーンに吊るして血抜きしているらしい。丸焼きにして美味そうに食べていたそうだが、英丸君は「食うかアホ」と笑いながら当時のエピソードを少し懐かしそうに思い出していた。

覚せい剤の密売所を襲撃した男

元ヤクザ、シャブ中、殺人犯、フクシマ作業員、ヤクザの愛人に手を出して逃げ回っている男、DVで家庭も仕事も失った男、などなど。七十八日間の西成生活で、様々な男たちと会った。私のように平凡な人間などほとんどいない。一筋縄ではいかない世界であり、私はまだこの街に来るのは早かったようだ。

そんなビックリ人間の巣窟である西成でも、やはり坂本さんに関しては謎が多い。「家の金を使い込んだだけや」とは言っているものの、犯罪者のオーラがプンプンである。「じつはな、俺が三億円事件の実行犯や」と言われても信じてしまいそうだ。

かつての九十二年の暴動に参加し、一緒になって投石していたという坂本さん。面白がって投げていただけというが、なぜそんな昔から西成にいるのか？　新世界にある喫茶店「千成屋」で口を開いた。

坂本さんは刑務所こそ一度しか行っていないが、二十年前から西成で数々の悪事を繰り返してきた、言ってみれば「西成伝説の男」である。今のように、西成に定住し始めたのは二年前にはなるが、一緒に街を歩いていると、どこからか視線を感じることが多かった。「アイツどこかで見たような……」と思われていたのだろう。

「最初の犯罪って覚えています？」

もう数え切れないくらいの罪を犯しているだろうが、最初くらいは覚えているはずだ。

「小学生の時にビルに放火したのが始まりやったかな。駐車場で遊んどったら、管理人に怒られたんや。それで腹立って夜ガソリン撒いて火つけたら大変なことになった。谷町九丁目のビルやったかな。デッかいニュースになっとったで。そんで中学の時に少年院に入ったんや。近所に私立の坊ちゃん中学があってな。そいつら電車で通っとるからある程度金持ってるんや。俺の仲間内では〝歩く貯金箱〟って言われててな、怖がって複数で歩いてるから脅せばがっぽり金が入るんや。公園に引きずり込んで、抵抗したらボコボコにするんや。パクられた時はたしか下駄で顔面殴ったんかな。悪質すぎるっちゅうことで保護観察は付かずそのまま少年院や」

下駄で殴った相手が死んでいたら話は変わるが、それでもヤンチャという言葉ではちょっと済まない気もする。中学を卒業した坂本少年は高校には行かずに父親がやっていた電気工の仕事を手伝うようになった。しかし十九歳の時に父親が病気で死んだ。母も酒におぼれるようになり、坂本さんはそこでヤクザになった。

「ある大きなヤクザ組織と分裂した組に入ってな、その事務所が西成にあったんや。当時、抗争中で人が足りないっちゅうことで俺は入ったんやけど、抗争は興奮したで。『寿司屋の冷蔵庫に拳銃隠してあるからそれ持ってきて戦え！』って言うんや。引き金は引かんかったけど、木刀で相手の頭はかち割った」

四年でヤクザは抜けたものの、自称〝西成愚連隊〟となり、ヤクザ時代から付き合いがあった山下という男とタッグを組んでヤクザの事務所など各地を強盗して回った。その頃から覚せい剤にハマリだし、シャブをキメては自転車で一時間以上かけて西成に通い詰めた。

「グワーッ自転車漕ぐんや。いくら漕いでも疲れへん。坂もグワングワンあったがそんなん関係あらへん。効果が切れる前になんとか西成までたどり着かないかんからな」

あっという間にシャブ中になった坂本さん。次第に強盗で得た金も追いつかなくなり、西成のシャブ通りと呼ばれていた十字路で売人になった。ただ、ヤクザは抜けているためシャブ自体は自分で買わなくてはいけない。そのため主な利益は注射器だったという。薬局で七本千円の注射器を一本千円で売り捌いていたそうだ。

西成にまでシャブを買いに来る人間は末期の者が多く、すでに人間が終わっている状態だった。そんな人間が薬局で注射器など買えるはずがない。

「青山さんもその通りでシャブ売っていたらしいですよ」

「アイツはB会やろ。西成のシャブいうたらB会やったからな。もしかすると同じ時期に売っ

坂本さんとかっちゃんが立ちんぼをしていた、以前の西成シャブ通り。現在は外国人向けのゲストハウスが建つなどクリーンな一帯になった

てたんかもしれんな」

「結構金になるんですか？」

「ならんな。さっきも言うたけどシャブ自体ではほとんど利益にならへん。それに自分で売ってるくらいやから、さらにハマっていくねん。毎日毎日コッコッとシャブのパケを作っとった。今みたいにチャック袋じゃないからな。あれやとかさばって身体に隠しにくいねん。端のない小さいビニールを割りばしでつまんでライターで四方をあぶっていくやろ。溶けたビニールで封が閉じるねん。そうやってどんどん小さいパケにしていくんや。これでバレへんパケの出来あがりや」

　そんな時、西成愚連隊の二人にあるビッグニュースが飛び込んできた。

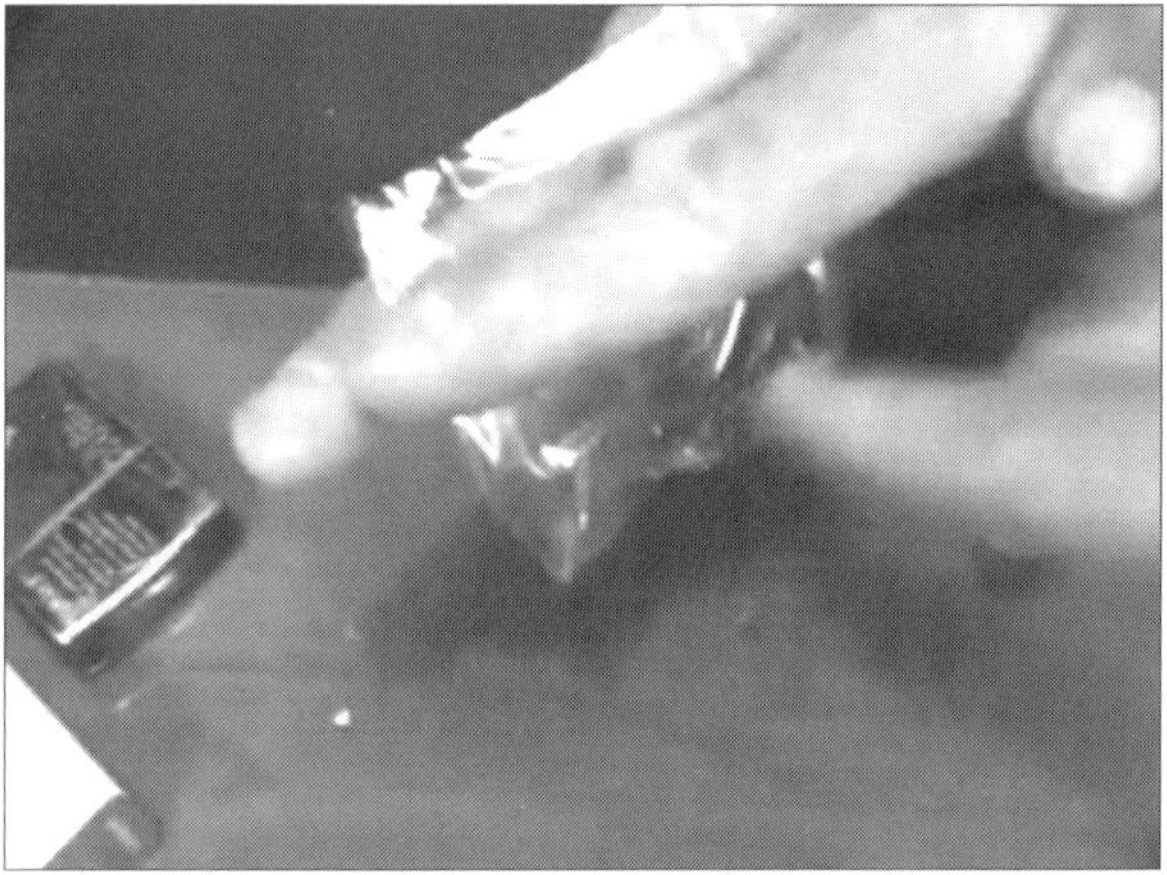

極小パケの作り方をタバコのビニール袋で説明する坂本さん。身体検査も乗り切れるらしい

それは堺筋通りにあるドヤ『タカラ』の一室が大規模な覚せい剤の密売所になっているというものだった。西成愚連隊は迷うことなく西成に出動。逃走用に車までパクり、ドヤの近くに横付けした。手には建築現場で使う、ブラケットという道具が握られている。そして部屋をノックし、ドアが開いた瞬間に顔面を殴りつけた。中には男が二人いたというが、今でも生きているのか、その時に死んだのかすら知らないという。それぐらいに躊躇なく殴り続けた。部屋にあった大量のシャブと現金四百万円を奪って逃走。車はその辺で捨て、金は相棒と山分けした。

「そんでな、とうとう俺も頭おかしなっ

て警察にパクられたんや。シャブキメて布団で寝とったらな、俺の右腕がないんや。触ってもないんやで？　天井見たら俺の右腕がシャーシャーって走っとるんや。『俺の腕や！』って錯乱状態になってな、オカンが怖くなって通報して、気が付いたら逮捕されとった」

初犯だったので執行猶予は付いたものの、執行猶予中に強盗で捕まり三年四ヶ月の実刑を食らった。刑を終えるも母は身元引受人となるのを拒否し、坂本さんはそのまま更生施設へ。その際に知り合った一般人女性（坂本さんは芸能人でもなんでもないがもはや一般人ではない）と結婚し、今に至るというわけだ。

「結婚してからは傷害と恐喝くらいしかしてへんな。この前も止められたけどしょっちゅう職務質問を受けるんや。まあ、そこで逮捕状が出ているか出ていないか確認できるんやけど、毎回ドキドキやで」

「坂本さんもただの極悪人じゃないですか。本当、この街ってそんな人間ばっかりなんですね」

「当たり前や」

坂本さんは目も合わせず無感情に答えた。

あとがき

南海ホテルを辞めた一週間後、私は西成から自宅のある関東に帰ることにした。新幹線で品川駅に向かう二日前だっただろうか、すでに夏の様相を呈している空を見ながら街を歩いていると、三角公園からアコーディオンを演奏する音が聞こえてきた。演奏しているのは坊さんで、三角公園でウトウトしているおじさんたちからリクエストされた曲を弾いていた。

「死んでしまえば何だって同じだって人もいるんだけど、そういう人たちの最期を見てしまうとそのままにはしておけないんだよ」

と坊さんが話す。この坊さんはあいりん地区にいる身寄りも何もない人間から会員を募り、とある会を作っている。身寄りのない人間が死ぬと、警察が来て、遺体を麻袋に入れて、焼いて終わりである。しかし会員が死んだ場合、坊さんが葬式を開き、他の会員たちが参列者となる。多い時は五十人以上の人間が、一人の死を見届けるそうだ。立派な死に様である。前科者でもヤクザでもシャブ中でも指名手配犯でも、死んだ時に見送ってくれる人間がいるならば万歳である。

「どうもどうも」と一人のおじさんが坊さんの元に駆け寄ってきた。

アコーディオンを弾く坊さんと路上生活者

「おじさんも会員なんですか？」

　見た感じではまだ七十歳になったばかりで、あと十年は生きそうだ。

「この歳になるとね、どうしても考えてしまうんだよ。私は大阪の人間ではないんだけど、このお坊さんをテレビで見て、西成にやってきたんだ。実際にこの街で死んだ独り身の人間を見てしまうとね、さすがに悲しくなってくるよ」

　南海ホテルにいる生活保護の人たちは数年後、麻袋に詰められてどこかに連れて行かれることだろう。宮崎さんや坂本さんやかっちゃん、この七十八日間で知り合った人たちは一体どんな死に方をするのだろうか。私は三角公園に腰を下ろした。ベンチに座っているおじさんたちが、私が坊さんにリクエストした『ブルー・シャトウ』を聞きながら、地面に転がったワンカップ酒の空き瓶を見つめていた。

すでに西成での生活が思い出へと変わりつつあったある日、突然宮崎さんから電話があった。下手したら死んでいるだろうなと私は考えていた。生活保護費が入ったら、その金で私にたらふく酒をおごるという話になっていたのだが、約束をすっぽかして、しかも携帯まで部屋に忘れて故郷の宮崎へ帰っていたそうだ。しばし孫との時間を楽しんだ後、枚方に戻り、携帯を見ると私からの不在着信が残っていた。

予定通り振り込まれた生活保護費でプリペイドカードを買ったのだろう。私に電話をかけるも宮崎さんは通話料が惜しいのか、ワン切りして再度かけさせるという図々しさを見せた。

「心配するな、もう大丈夫やから。これで人生上がったようなもんや」と宮崎さんは電話を切った。

西成には、西成の男たちにしか見ることのできない境地というものがあるのだと、私は感じる。自分を捨ててしまうといった感情だ。自暴自棄といえばそれまでだが、彼らは自らのその〝どうしようもない運命〟を受け入れながら生きている。

一年半前、私が初めて見た西成という街の印象は〝楽園〟だった。たしかに行き場を失った人々にとっては紛れもない楽園かもしれない。しかし彼らにとってはそうでも、私にとっては違う。私にはまだ行かなくてはならない場所、やらなければいけないことが山ほどある。

西成で七十八日間を過ごして分かった。自分はまだここに来るような人間ではない。この街にいる人間を見下していると言えばそうかもしれないし、逆に私のような人間がこの街にいること自体、恐れ多いような気もするのだ。

文庫版あとがき

二〇一八年九月に出版した本書を、私は憚りながらも、当時親交のあった西成の住人たちに送ることにした。解体現場で一緒に過ごした坂本さん、宮崎さん、英丸君。南海ホテルの台湾人二人に、皆川さんに市原さん。

S建設を辞め、大阪の枚方市で生活保護受給者となった宮崎さんに電話をしてみると、こんな泣きごとを言っていた。

「毎日毎日、山奥の部屋で一日中テレビを見とるだけや。俺、もう気が狂いそうや。お前が書いた本を読むと、西成での生活を思い出すんや。あのときの俺はイキイキしとった。もう勘弁や。生活保護を辞退して石垣島でもう一回肉体労働やるつもりや」

南海ホテルで置物のようになった生活保護たちの姿を思い出す。何もない山奥で置物になってしまった宮崎さんを想像すると、胸が痛んだ。それから三ヶ月おきに電話を入れ、「またマルフクに行きましょう」「また大東洋のサウナに泊まりましょう」とエールを送り続けていたが、結局、再会することはなく、二〇一九年の夏には連絡が取れなくなってしまった。はたして、石垣島には行ったのだろうか。

その夏、北インドを旅行していた私の元に、編集長から一本の電話が入る。

「坂本さんから会社に電話があって、勝手に自分の写真（P122）を載せたことにかなり怒っているみたい。放っておけないので一度連絡してみてもらえる？」

その数日前、ガンジス河の畔《ほとり》で夕日を眺めていると、突然、「極道」というアカウント名から、ただ一言、「お前、國友やろ？」とLINEが入っていた。頭のおかしな奴が絡んできたなとスルーしていたが、編集長の電話を受け、返信してみると坂本さんだった。

「お前の本のせいで西成におられんようになったわ。どうしてくれるん？」「電話よこせ。一回会うしかないんちゃう？」

文面には圧力を感じたが、坂本さんの性格的に、ただのポーズであるとすぐにわかった。私は飛び上がるほどに嬉しかった。当時、坂本さんは携帯電話を持っておらず、生きているのかさえわからなかったのだ。また逮捕されてしまったのか、現場で事故に遭ったのか、どこかに消えてしまったのか。しかし、あの坂本さんにまた会える。私は帰国後、西成に舞い戻った。

その冬、S建設の前で坂本さんを待ち伏せしていると、いまだに有給休暇中の証券マンが飯場の前に並んで日当が入った封筒を受け取っていた。自分のことを覚えているか気になったが、だいぶ痩せた様子の証券マンに声をかけることはさすがにできなかった。

停まっているバンに向かって、「お前、喧嘩売っとるんかぁ？」と怒鳴り散らしているおじさんを眺めていると、風呂上がりの坂本さんが現れた。スモークの入った眼鏡は黒ぶち眼鏡に変わり、前とは違い、表情が見て取れる。

坂本さんは、「ビビッて来ないんちゃうかと思っとったわ」と笑っていた。新世界にある「千成屋珈琲」に入り、ミックスジュースを二つ注文して席に着くと、お互い堰を切ったように近況を話し始めた。

「証券マン、まだいるじゃないですか。有給休暇のウソは貫き通しているんですか？」

「なんも言わんようになったわ。お前の本が出たときからちゃうか？　突然帽子を目の下まで深く被るようになって、口数もかなり減りよったわ。そんで、英丸君に本送ったんやて？　現場に本を持ってきよってん。一時期アカンことになっとったわ」

私が解体していた現場、「尼崎オレンジモール」に英丸君は『ルポ西成』を持って登場。自らの過去の悪事まで書いてあるにもかかわらず、「これ読んでみい」と回し読みさせたらしい。ユンボを運転していたクライアント業者の遠藤さんは、「好き勝手書きやがって！　遠藤ってこれ、俺ちゃうんか？」と若干、怒っていたようだ。

その様子を見て「おもろ」と思った坂本さんは、「こんな本があるみたいやで」とS建設の社員に告げ口。あいりんセンターで私を車に乗せて飯場まで連れて行ってくれたS建設の社員「M本」さんが、翌日書店で三冊購入し、同じく回し読みさせた。

M本さんは、「これ完全ウチちゃうんか。有給休暇中の証券マンって、どう考えてもアイツやないか。てか、坂本って名前出てもうてるやん」と坂本さんに詰め寄ったらしいが、「悔しいけど、おもろいからええか」と本を閉じたという。

「おもろいからな、俺適当なこと言うてん。國友って奴に西成の写真送ると1枚5万円、本の取材協力費は200万円。信じとるアホもいて、お前を探しとる奴もいるんやで」

坂本さんの近況報告によれば、腰の曲がった東のおっさんと、自分の住民票の場所すらわからない菊池さんは、今でもバリバリの飯場暮らし。

朝から晩まで一言もしゃべらなかった福谷さんは、B型肝炎かなにかで腹が風船みたいに膨れ上がり、死んだらしい。

「エディはまだいますか？　あのヒゲのおじさん」

「いま俺の中でエディ3人おるから、どれかわからへんわ」

本書の文庫化にともない、私は二〇二〇年の九月、ふたたび坂本さんに会いに行った。悲しいことに、証券マンは年末に忽然と姿を消し、それから一度も見ていないという。おそら

私が解体していた現場は、更地になっていた

く、もう西成にはいないのではないかとのことだった。

坂本さんの近況としては、最近「ＰＴＳＤ（心的外傷後ストレス障害）」になったらしい。

「自転車で走っとったらな、カーブで車にぶつかられたんや。そしたら相手が逃げよった。腹立つから保険屋と弁護士挟んでちゃんと問題解決しようとしてん。車のナンバーは控えとったからな」

事故後、病院で相手への怒りを医者にぶちまけたところ、ＰＴＳＤの診断が下り、エチゾラム（抗不安薬、睡眠導入剤）が処方された。「エチゾラムなんて土日の闇市でいくらでも手に入るんやけどな」と、坂本さんは腹を抱えて笑っていた。

先日、amazon で小ぶりのリュックを二つ購入した坂本さん。するとなぜか、一メートルを超す大きなダンボールで飯場に届いた。それに驚いた飯場の人間が、現場にいる坂本さんに電話をかけた。飯場の人間は慌てていた。あまりに大きな荷物に、飯場は「お前、なんやあれ。隕石みたいなん届いとるけど、どないしたらいいんや」と、騒然となったらしい。

「こんなん言うのあれやけどな、人を悩ますのおもろいねん。隣で困っている様子見てると笑けてくるねん。飯場が困惑するようなパッケージングで、文庫本送ってくれへんか？　ヤクザの名刺みたいな封筒とか、作ればええんちゃうん。反社会的なイメージで送っといてくれや。なんなら、東と菊池宛てにも送っといてくれ、アイツら困惑するやろから。そうやって日々遊んどかな、おもろないやんけ。しゃーないやろ、俺いまPTSDなんやから」

「人はなんのために生きるのか？」

私は解体現場で穴を掘りながら、ドヤの一室でスーパー玉出の弁当を貪りながら、トイレにこびりついた生活保護のクソをこすりながら、幾度となく考え込んだ。しかし、坂本さんに言わせてみれば、「西成でそんなこと考えてる奴、ひとりもおらん」という。そして、ポツリとこう言った。

「みんな死ぬまでの暇つぶししとるだけや」

そのとき、ふと思った。別に西成に限った話ではない。総裁選を争う政治家も、コツコツと定時まで働く公務員も、ホストに恋する風俗嬢も、そして私も、〝死ぬまでの暇つぶし〟をしているだけにすぎない。そう考えると、肩の力が抜けて、生きやすくなった。

『ルポ西成　―七十八日間ドヤ街生活―』の文庫版が刷り上がったら、真っ黒の封筒に白抜きの文字でも入れて、飯場に送りつけてみようと思う。

二〇二〇年九月　國友公司

■本書は著者の体験を記したルポルタージュ作品ですが、プライバシー保護の観点から人名・施設名などの一部を仮名にしてあります。

著者略歴
國友公司（くにとも・こうじ）
1992年生まれ。筑波大学芸術専門学群在学中よりライター活動を始める。キナ臭いアルバイトと東南アジアでの沈没に時間を費やし7年間かけて大学を卒業。編集者を志すも就職活動をわずか3社で放り投げ、そのままフリーライターに。いかがわしい人々をメインに取材をするも、次第に引き込まれ、知らないうちに自分があちら側の人間になってしまうこと多々。

ルポ 西成
七十八日間ドヤ街生活

2020年11月12日第一刷
2021年11月12日第六刷

著　者　　國友公司

発行人　　山田有司

発行所　　株式会社　彩図社
東京都豊島区南大塚3-24-4
MTビル　〒170-0005
TEL：03-5985-8213　FAX：03-5985-8224

印刷所　　新灯印刷株式会社

URL：https://www.saiz.co.jp
https://twitter.com/saiz_sha

 ISBN978-4-8013-0483-3 C0136
本書は2018年9月に発行した同名の書籍を加筆・修正の上、文庫化したものです。
落丁・乱丁本は小社宛にお送りください。送料小社負担にて、お取り替えいたします。
定価はカバーに表示してあります。